特別企画

肢体不自由教育実践
授業力向上シリーズ No.8

# 遠隔教育・オンライン学習の実践と工夫

監　修：菅野 和彦・下山 直人・吉川 知夫

編　著：全国特別支援学校肢体不自由教育校長会

# 監修にあたって

　平成28年の中央教育審議会答申において、社会の変化が加速度を増し、複雑で予測困難となってきていることが指摘されました。今、私たちが直面している新型コロナウイルス感染症の感染拡大に伴う影響は、私たちの生命や生活のみならず、社会、経済、行動・意識・価値観など多方面に波及しつつあり、学校教育には、子供たちが様々な変化に積極的に向き合い、他者と協働して課題を解決できるようにしていくことなどが求められています。

　また、学校教育におけるICTの活用に向けた取組や環境整備の状況は、新型コロナウイルス感染症拡大への対応とも重なり、これまでとは別次元のスピードで変化しています。この変化を各学校、そして各先生方が主体的に受け止め、学校教育の新たな姿を目指していくことが大切となります。

　さて、これまで全国の肢体不自由特別支援学校においては、新型コロナウイルス感染拡大の前より積極的にICTを活用した教育実践が行われてきました。例えば、身体の動きに困難のある児童生徒に対して、適切な補助具や補助的手段を工夫しながら、コンピュータ等の端末を活用して学んだり、児童生徒の意思の表出やコミュニケーションを支えたり、遠隔による合同授業などにより、各教科等の学びを深めたりしてきた実践があります。

　このような実践を踏まえ、全国肢体不自由特別支援学校長会の協力のもと、学校教育に求められているICT活用に関する全国の実践を、肢体不自由教育実践『授業力向上シリーズNo. 8』として発刊できることは、今後の肢体不自由教育の充実・発展に資する新たな財産になるものと確信しています。今後とも、GIGAスクール構想の加速化を踏まえ、全ての子供たちの可能性を引き出す、個別最適な学びと、協働的な学びの実現に向けた実践事例の発信を期待しております。

　結びに、新型コロナウイルス感染症に伴う業務で多忙を極める中、執筆いただいた先生方に感謝申し上げます。


令和２年12月


文部科学省初等中等教育局特別支援教育課<br>
特別支援教育調査官　菅野　和彦

# 特別企画『授業力向上シリーズNo. 8』の発刊にあたり
## ―"ニューノーマル"の時代に添った教育実践―

　「授業力向上シリーズ」は、全国特別支援学校肢体不自由教育校長会が責任編集した「指導書兼指導実践集」です。平成25（2013）年から毎年発刊され、今回で8冊目となりました。毎年、全国肢体不自由教育研究協議会全国大会（以下「全肢研大会」）や各地区研究大会での発表などから優れた実践報告を集め、専門家の先生方からいただいたコメントを添えて皆様にお届けしています。

　しかし令和2年は、新型コロナウイルスの感染拡大から、緊急事態宣言が発令されるとともに、臨時休校の措置が取られるという未曾有の事態となりました。そのような中、肢体不自由教育特別支援学校（以下「肢体不自由校」）では、オンライン学習など各校でさまざまな取り組みがなされました。これらについては、今年度の全肢研大会埼玉大会（Web開催）においても、いくつかポスター発表等で発表されることになりました。また、昨年度実施された全肢研大会青森大会においても、肢体不自由教育が毎年積み重ねてきた遠隔教育の実践がいくつか発表されていました。

　これらをまとめて発信することにより、"ニューノーマル""ウィズコロナ"の時代に添った教育実践が、どの肢体不自由校においてもできるようになると考え、今回は特別企画として『授業力向上シリーズNo. 8　遠隔教育・オンライン学習の実践と工夫』を発刊することとしました。本書で紹介する指導実践を、それぞれの学校の実践のモデルとして役立てていただければと思います。また、肢体不自由校以外の校種においても、とても参考になる指導実践が満載です。広く教育関係の皆様に読んでいただければ幸いです。

　さらに今回は、令和元年度開催 全肢研大会青森大会の「成果還元レポート」のうち、優秀なレポートを掲載することとしました。この成果還元レポートは、大会の参加者が研究成果を各校に持ち帰り還元することにより、肢体不自由教育がさらに発展していくことを第1の目的としています。それに加え第2の目的は、肢体不自由校の教員のプレゼンテーション力の向上です。新しい学習指導要領では、児童生徒の知識・技能だけではなく、思考力・判断力そして表現力をつけていくことが示されています。当然のことながら、教員自身が表現力をつけていかなければなりません。成果還元レポートは、教員自身の表現力を"見える化"したものです。ぜひ優秀なレポートのまとめ方を参考にしていただき、皆様のプレゼンテーション力の向上に役立てていただきたいと思います。

本書を発刊するにあたり、緊急の企画にもかかわらず原稿をお寄せいただいた各先生、そして該当校の校長先生に厚く御礼申し上げます。また『授業力向上シリーズNo. 9』においては、埼玉大会に加えて、前回の青森大会の優れた実践の発表についてもまとめ、発信していきたいと考えております。

　最後に、本シリーズを改めてご紹介します。

　シリーズ全8巻には全国から選び抜かれた約200の指導実践が紹介されています。今後のより良い授業づくりの参考としてください。


　令和2年12月


全国特別支援学校肢体不自由教育校長会

会長　諏訪　肇

# 目　次

# 第1部

# 理論及び解説編

※本書は、ICT機器等を活用した実践の紹介を中心としています。
　そのため、読者の理解を深めることを考慮し、商品名や企業・
　団体名等は、そのまま記載してあります。

# 1 遠隔・オンライン教育の充実につながる国の動向と今後への期待

文部科学省初等中等教育局特別支援教育課
特別支援教育調査官　菅野　和彦

## 1 はじめに

　新型コロナウイルス感染症の拡大に伴う全国的な臨時休業の状況は、前例のないことであり、子供たちや保護者をはじめ、教職員の皆様も様々な不安や戸惑いなどを抱かれたかと思います。そのような中、各学校においては、臨時休業中の子供たちの学びの保障に向け、年度末、年度初めの通常業務に加え、家庭学習で使用する教材づくり、家庭訪問の実施、電話等による健康状態や学習状況の把握をはじめとし、学校のホームページや動画配信サイト上に授業を配信したり、Web会議システムを活用したオンライン授業をしたりするなど、様々な工夫のもと子供たちの学びを止めない取組が展開されました。また、学校再開後においては、夏休みの短縮や感染症対策に伴う環境整備、生活様式などの変更に伴う業務が増加するとともに、医療的ケアや基礎疾患等により重症化リスクが高い児童生徒が在籍している肢体不自由学校ならではの健康管理や環境整備等による負担が大きかったことと思います。これまでの様々な取組に敬意を表しますとともに、今後の感染拡大防止への継続した取組をお願いいたします。

　さて、新型コロナウイルス感染症の感染拡大により社会全体として、例えばテレワーク、遠隔診療など、社会全体にデジタル化、オンライン化の取組が進んでいます。学校教育においても、学びを保障する手段としてICTを活用したオンライン授業などに大きな注目が集まっており、学校教育を支える基盤的なツールとしてICTは、必要不可欠なものであることを前提に、今後の学校教育の在り方を検討していくことが必要となっています。

　そこで、第1部第1章においては、これまでの新型コロナウイルス感染症への対応を振り返りつつ、GIGAスクール構想の加速化、中央教育審議会初等中等教育分科会など国の動向、及び今後のICTを活用した遠隔・オンライン教育への期待や課題等について解説します。

## ❷　学校教育と新型コロナウイルス感染症への対応

### （1）学校の臨時休業の状況（特別支援教育関係）

　新型コロナウイルス感染症の拡大を受けて、令和２年２月27日に開催された新型コロナウイルス感染症対策本部で、内閣総理大臣から、小学校、中学校、高等学校及び特別支援学校における全国一斉の臨時休業を要請する方針が示されました。このことを受け、翌28日に文部科学省から、各学校設置者に春季休業開始日までの間の臨時休業を要請し、多くの学校において臨時休業の措置が取られました。

　その後、春季休業明け後、学校を再開した地域もありましたが、４月７日からの新型インフルエンザ等対策特別措置法に基づく緊急事態宣言（埼玉県、千葉県、東京都、神奈川県、大阪府、兵庫県及び福岡県以外の道府県については同月16日から）を受け、再び休業措置をとる学校が増加しました。公立特別支援学校における臨時休業の推移としては、４月10日は69％、４月22日は96％、５月11日は90％、６月１日は２％でした。

　また、休業期間中の特別支援教育における特色としては、特別支援学校、小学校、中学校で居場所のない障害のある児童生徒にとってのセーフティネットとしての役割を果たしたということです。４月16日時点での状況は、公立学校設置者のうち、59％の学校でその役割を果たしました。一方で、特別支援学校における休業中の登校日の設定については、特定警戒都道府県とそれ以外のいずれでも、平均を大幅に下回っており、スクールバス等で通学することが少なくない特別支援学校の特性ゆえの設定の難しさがうかがえました。

　この間、文部科学省では、令和２年５月１日付け初等中等教育局長通知「新型コロナウイルス感染症対策としての学校の臨時休業に係る学校運営上の工夫について」において、最終学年等を優先した休業中の登校日の設定など学校運営上の工夫に加え、学校再開までの間、引き続き、家庭学習等を通じて児童生徒の学習を保障することが重要であることを示し、短縮授業、分散登校等を含め学校が再開されていきました。

### （2）臨時休業中における家庭学習支援に係る主な通知等

　新型コロナウイルス感染症に対応した臨時休業中の児童生徒の学習指導に関して、令和２年４月10日付け初等中等教育局長通知「新型コロナウイルス感染症対策のための臨時休業等に伴い学校に登校できない児童生徒の学習指導について」において、基本的な考え方として臨時休業期間中における児童生徒に対する学習指導については、児童生徒が自宅等にいる状況であっても、規則正しい生活習慣を身に付け学習を継続するとともに、学校の再開後も見据え、学校と児童生徒との関係を継続することができるよう、可能な限りの措置をとることなどが示されました。また、臨時休業ガイドラインに示すとおり、地域の感染状況や学校、児童生徒の状況等も踏まえながら、家庭学習、登校日の設定、家庭訪問の実施、電話の活用等を通じた教師による学習指導や学習状況の把握の組合せにより、児童生徒の学習を支援するための必要な措置を講じることなどを通知しました。

　令和2年4月21日付け初等中等教育局長通知「新型コロナウイルス感染症対策のために小学校、中学校、高等学校等において臨時休業を行う場合の学習の保障等について」において、臨時休業中であっても最低限取り組むべき事項等について示しました。家庭での学習や学習状況の随時把握を行う際は、ICTを最大限活用して遠隔で対応することが極めて効果的であることを踏まえ、家庭環境やセキュリティに留意しながら、家庭のパソコンやタブレット、スマートフォン等の活用、学校の端末の持ち帰りなど、ICT環境の積極的な活用に向け、あらゆる工夫をすることなどについて通知しました。

　その後「新型コロナウイルスによる緊急事態宣言を受けた家庭での学習や校務継続のためのICTの積極的活用について」（令和2年4月23日事務連絡）において、全国的な長期休業という、これまで類を見ない緊急事態であること、各学校や家庭でICT環境が様々であることに鑑み、平常時における学校設置者や各学校の一律のICT活用ルールにとらわれることなく、家庭環境や情報セキュリティに十分留意しながらも、まずはその積極的な活用に向け、自治体や家庭におけるICT環境を最大限に活用するよう示しました。

## ③ 特別支援教育に関する通知等

### （1）臨時休業中の家庭学習について

　「新型コロナウイルス感染症に対応した臨時休業中における障害のある児童生徒の家庭学習支援に関する留意事項について」（令和2年5月7日事務連絡）において、学校が障害のある児童生徒の家庭学習を支援するに当たって留意すべき事項を、各障害種に「共通する事項」と「各障害種の家庭学習上の留意事項」について示しました。

　このような周知をした背景には、一人一人に作成する個別の教育支援計画や個別の指導計画の作成が滞っているなどの課題が、新入生などを中心に散見されました。前例のない不測の事態であり、オンラインを活用した授業準備などで多忙を極めたり、対面することなく実態を把握する難しさがあったり、家庭と連絡するICT環境が不十分であったりと厳しい状況であるものの、学校での指導や支援について見通しのもてない状況は、入学した本人・保護者にとって、大きな不安であったことは容易に想像できます。したがって、こういうときだからこそ、必要な取組に優先順位をつけ、可能なことから着手し、各種の指導計画を作成するなどして学校再開後の生活につなげる取組が重要と考えます。

　また、各障害種の家庭学習上の留意事項（肢体不自由）については、学習指導要領に示されている肢体不自由のある児童生徒へ各教科の配慮事項を基盤として、
　　・姿勢や認知の特性を踏まえた適切な学習内容の設定の視点
　　・日頃使用している馴染みのある教材・教具やタブレット端末等の貸し出しなどの視点
　　・長期にわたる休業が想定される際の姿勢保持椅子の持ち帰りや衛生管理等の視点
　　・家庭の協力を得られやすくする視点
の4つ視点を総論的に示しました。特に、障害の程度が重度の児童生徒にとって、学校で

使用していた馴染みの教材等の存在は、臨時休業中であっても学校との接点を絶やさず、学びを止めないという点から留意事項として示しました。

## （2）特別支援学校等における感染症対策に関する考え方と取組

「特別支援学校等における新型コロナウイルス感染症対策に関する考え方と取組について（通知）」（令和２年６月19日事務連絡）において、新型コロナウイルス感染症対策や学びの保障のため取組について、障害のある幼児児童生徒へ指導等を行う際の「基本的な考え方」「考えられる取組」「取組例」等を示しました。特別支援学校等に在籍している児童生徒の場合、障害の種類や程度等に大きな個人差があり、障害のある児童生徒の教育活動や感染症対策は、ガイドラインやマニュアル等をそのまま適用できる部分と、児童生徒の障害や発達の状況等を考慮したうえで個別の状況に応じて検討・実施する部分とがあります。

そのため、各学校において障害のある児童生徒に対し、感染症対策を行いながら教育活動を行うに当たっての、具体的な場面毎の基本的な考え方・考えられる取組・実際の取組例をまとめ、学校再開や感染症対策、及び学びの保障の参考としていただく趣旨で示されました。

また、肢体不自由校の取組も随所に掲載されるとともに、聴き取り調査にご協力いただきました各学校に御礼を申し上げます。

## ❹　今後の感染拡大等に向けた対応について

新型コロナウイルス感染症については、その感染が収束する時期と拡大する時期が繰り返されると予想されており、今後の感染状況は予断を許さない状況です。教育委員会、学校としては、どのような状況が生じても学びを止めない対応ができる入念な準備が求められています。特に、ICTを活用した遠隔・オンライン教育をはじめ、デジタル教科書やデジタル教材等を有効に活用することが急務となっています。そのためには、各教育委員会が高速大容量の通信ネットワークを一体的に整備したり、今ある各自治体の情報セキュリティの制限等を、真に必要な制限にしたりするなどして、平常時における学校設置者や各学校の一律の活用ルールにとらわれることなく、ICT環境を最大限に活用する準備と工夫が必要と考えます。今後、文部科学省が進めているGIGAスクール構想を踏まえ、準備を着実に進めていくことが重要となります。

## ❺　教育の ICT 化と GIGA スクール構想の実現に向けて

現在、GIGAスクール構想が加速化されていますが、ご存知のとおり、教育のICT化については、学習指導要領の改訂を踏まえ進められていました。以降、教育のICT化とGIGAスクール構想に伴う予算措置の趣旨等について解説します。

## （1）教育のICT化に向けた環境整備５か年計画

　新学習指導要領においては、情報活用能力が、言語能力、問題発見・解決能力等と同様に「学習の基盤となる資質・能力」と位置付けられ、「各学校において、コンピュータや情報通信ネットワークなどの情報手段を活用するために必要な環境を整え、これらを適切に活用した学習活動の充実を図る」ことが明記されるとともに、小学校及び小学部においては、プログラミング教育が示されるなど、今後の学習活動において、積極的にICTを活用することが想定されています。このため、文部科学省では、新学習指導要領の実施を見据え「2018年度以降の学校におけるICT環境の整備方針」を取りまとめるとともに、当該整備方針を踏まえ「教育のICT化に向けた環境整備５か年計画（2018 〜 2022年度）」を策定し、単年度1,805億円の地方財政措置を講じ、超高速インターネット及び無線LAN100％整備、統合型校務支援システム100％整備などに向け、教育のICT化を図っています。

## （2）GIGAスクール構想のはじまり

　中央教育審議会初等中等教育分科会では「新しい時代の初等中等教育の在り方について」を審議する中で、これからの学びを支えるICTや先端技術の効果的な活用方法について特に優先して審議を行い、令和元年12月に「新しい時代の初等中等教育の在り方　論点取りまとめ」が示されました。このことを踏まえ、令和元年度補正予算において、児童生徒向けの１人１台端末と高速大容量の通信ネットワークを一体的に整備するための経費が盛り込まれ、令和５年度までの達成を目指し、GIGAスクール構想を進めていくこととなりました。

## （3）GIGAスクール構想の加速化

　新型コロナウイルス感染症の拡大の影響により、休業が長期化し教育課程の実施に支障が生じる事態に備え、今回のような事態にも対応可能な遠隔教育などSociety 5.0 の実現を加速していくことが急務となりました。

　これらを踏まえ、閣議決定された令和２年度一次補正予算案においては、「１人１台端末」の早期実現や、家庭でも繋がる通信環境の整備等、「GIGAスクール構想」におけるハード・ソフト・人材を一体とした整備を加速することで、緊急時においても、ICTの活用により全ての子供たちの学びを保障できる環境を早急に実現することを目的として総額約2,292億円が計上され、令和５年度に達成を目指していた端末整備の前倒しを行い、令和元年度補正予算に計上していた学年（小５、小６、中１）以外の小１〜中３までの全ての学年分について計上されました。

　このことにより、災害や感染症の発生等による学校の臨時休業等の緊急時においても不安なく学習が継続できることを目指すとともに、これまでの実践とICTの活用を適切に組み合わせていくことで、これからの学校教育を大きく変化させ、様々な課題を解決し、学びの質を向上させることが期待されています。

## （4）障害のある児童生徒のための入出力支援装置整備

　GIGAスクール構想の加速化により、1人1台端末を使用する障害のある児童生徒については、障害の状態等を踏まえ、より個別性の高い入出力支援装置が必要となる場合があります。障害のある児童生徒が1人1台の端末を効果的に活用できるよう、一人一人に応じた入出力支援装置の整備をあわせて支援することとなり、入出力支援装置整備11億円を計上しました。

　具体的には、図1にあるように、音声読み上げソフト、点字ディスプレイ、音声文字変換システム、視線入力装置、視線入力装置ソフト、ボタンマウス、ブレススイッチ等が対象となりました。これまで、各学校では、必要性はあったものの高額で購入が延期されていたり、不足していたりした入出力支援装置を確実に整備することができるようになりました。

## 障害のある児童生徒のための入出力支援装置の整備　令和2年度補正予算額　1070百万円

**背景**

障害のある児童生徒においては、情報機器端末を活用するために、児童生徒の利便性向上の観点から、より個別性の高い特別な入出力支援装置が必要な場合がある。障害のある児童生徒が1人1台端末を効果的に活用できるよう、一人一人に応じた入出力支援装置の整備をあわせて支援する。

※令和元年度補正予算でも、GIGAスクール構想の実現における端末機器の補助額（上限4万5千円）の範囲において、基盤的な入出力支援装置は補助対象となっている。

➤ **視覚情報を点字化**

パソコン上の文字を点字で出力する装置。授業において、あらかじめ点字化された教材だけなく、パソコン上の情報も教材として活用することができる。

＜点字ディスプレイ＞

➤ **音声を文字化**

＜音声文字変換システム＞

音声を文字化し、手元のパソコンに表示するシステム。授業中の教師の説明を文字として受けとることにより、理解が容易になる。

➤ **表現方法の広がり**

＜視線入力装置＞

視線の動きにより、パソコン上の文字等の入力を可能にする装置。パソコンを通じて、絵等の様々な表現も可能となる。

**＜支援スキーム＞障害のある児童生徒数（特別支援学校、小中学校等）に応じて算定される金額を上限に、自治体、国立大学法人、学校法人に対して補助。**

（支援装置の例）
・音声読み上げソフト
・点字ディスプレイ
・音声文字変換システム
・視線入力装置
・視線入力装置ソフト
・ボタンマウス
・ブレススイッチ　　等

**図1　障害のある児童生徒のための入出力支援装置整備（令和2年度補正予算説明スライド）**

## （5）家庭学習のための通信機器整備支援

　Wi-Fi環境が整っていない家庭に対する貸与等を目的として自治体が行うLTE通信環境（モバイルルータ）の整備のために147億円を計上しました。

　これにより、子供の学びの保障と教育の機会均等の観点から、児童生徒に貸し出し可能なモバイルWi-FiルータやUSB型LTEデータ通信機器（USBドングル）などの可搬型通信

機器を学校に一定数整備することになり、Wi-Fi環境を整えられない家庭においても家庭学習が可能となるインターネット通信環境を提供できるようになりました。

## （6）学校からの遠隔による学習機能の強化

　臨時休業等の緊急時に学校と児童生徒が同時双方向でのやりとりを円滑に行うため、学校側が使用するカメラやマイクなどの通信装置等の整備のために6億円を計上しました。

　これにより、子供たちの学びを保障できるよう、遠隔による学習に対応できるようになるとともに、今回のコロナウイルス感染症のみならず、自然災害の発生等による学校の臨時休業等の緊急時においても対応できるようになりました。

## ❻ GIGAスクール構想における現状と今後への期待

## （1）GIGAスクール構想を中心に

　前述したGIGAスクール構想の実現に向け、1人1台端末の整備、家庭等での通信環境、遠隔学習などICT等を活用するための環境整備は、着実に進められることとなります。そして、この環境を基にこれまでの長年にわたる教育実践とICTの強みを生かし、新学習指導要領を踏まえた効果的な教育を提供できるようにすることが求められています。

　しかしながら、令和2年10月時点での整備状況は、十分な状況ではありません。文部科学省による「GIGAスクール構想の実現に向けた調達等に関する状況（速報値）」8月末時点によると、端末の納品完了時期としている各教育委員会は、8月までが約2％、年内が約27％、年度内が約70％となっています。このように、令和2年10月時点では、1人1台端末の整備は完了しておらず、今年度末まで時間がかかる見込みとなっています。

　また、臨時休業中、各学校ではあらゆる手段を講じて、子供たちの学習機会の確保に取り組んだものの、ICT環境の整備が十分でないこと等により、「同時双方向型のオンライン授業」の実施状況は、公立学校設置者で15％に留まっていました。学校種毎に見てみると、小学校で8％、中学校で10％、高等学校で47％、特別支援学校で40％でした。

　特別支援学校は、これまでICTを積極的に活用してきた経緯があり、ある程度ICT環境が整っていると言えます。しかし、残りの60％の学校は、同時双方向型のオンライン授業ができなかったということが示唆され、実施した40％のうち肢体不自由校の全てが同時双方向型のオンライン授業を実施したとも言えません。また、実施した40％のうち、どのような内容を、どの程度実施したのかについては、明らかになっていないことから、今後のオンラインによる授業の成果や効果などについて、改めて整理する必要があると考えています。

　さらには、これまで以上に日常の学習活動の中で、児童生徒がICTを有効に活用できるようにしていくことが大切と考えます。同時に、効果的に活用するためには、教師のICTに関する知識や技能を身に付けていくことが必要となります。

　このことに関連して、ある肢体不自由校の校長先生が、次のように話していました。

「今回の新型コロナウイルス感染症に伴う臨時休業を経験して、これまで教師がICTを有効に活用した授業に取り組んできたが、今後は、発達の段階も考慮しながら、個々の障害の状態等に応じて、児童生徒自身がICTを活用できるようにすること。そして、情報活用能力の育成という視点をもって教育課程等の見直しを進める必要がある。」「これまでは、ICTについて知識のある教員に頼っていたが、今回の臨時休業を振り返ると、一部の教員に負担をかけた側面は否めない。校内組織を見直す必要がある。」など、貴重な話をうかがいました。

したがって、各教育委員会等における研修をはじめ、各学校におけるICTに関する研修内容の工夫やICTに精通した外部専門家の活用、さらには校内のICTを効果的に活用できる人材を増やすなど、カリキュラム・マネジメントを通じた校内組織の再編などが喫緊の課題と考えられます。

## （2）これまでの実践とICTとの最適な組み合わせ

ICTは、これからの学校教育に必要不可欠なものですが、あくまでツールであり、その活用自体が目的ではないことを確認したいと思います。

Society5.0 時代にこそ、教師による対面指導や児童生徒同士による学び合い、地域社会での多様な体験活動の重要性がより一層高まっていくものであり、教師にはICTを活用しながら、協働的な学びを実現し、多様な他者と共に問題の発見や解決に取り組みながら、ICTを活用してどのような資質・能力を育成するかを明確にすることが重要となります。

また、遠隔・オンライン教育は、距離に関わりなく相互に情報の発信・受信のやりとりができるICTを活用した教育であり、多様な人々とのつながりを実現する、教科の学びを深める、個々の児童生徒の状況に応じた教育を実施するなど、教師の指導や子供たちの学習の幅を広げることや、特別な支援が必要な児童生徒等の学習機会の確保を図る観点から重要な役割を果たすものです。

そこで、これまでの実践と遠隔・オンライン教育とを最適に組み合わせた授業の例を「地域の郷土料理」で考えてみます。体験活動として地域の方の協力を得て、郷土料理を一緒に調理し、そこで学んだことをICTを活用してまとめ、その後、県を越えた学校同士で、郷土料理をテーマとして遠隔による合同授業を計画し、郷土料理の違いや多様さやに触れ、それぞれのよさなどを発見し、新たな考えを形成し表現することなどが考えられます。このように、各教科等の資質・能力の育成との関連を踏まえ、主体的・対話的で深い学びの視点からの授業改善を通して、これまでの実践とICTとの最適な組み合わせをしていくことが考えられます。

また、デジタル教科書やデジタル教材の活用も重要なツールとして考えられます。学習者用デジタル教科書は、各教科の学習における主たる教材である教科書についてICTの特性・強みを生かすことを可能とするものであり、これを基盤として多様なICTを関連付けて、授業全体の流れの中で紙とデジタルを適切に組み合わせることが期待されています。

デジタル教科書やデジタル教材は、大型提示装置や学習者用コンピュータ等で活用でき

るようになり、動画やアニメーション等のデジタル環境ならではの多様な表現により効果的な学習が可能となるといった機能が挙げられます。

効果としては、

・動画・アニメーション・音声等を活用することで、児童生徒の興味・関心の喚起につなげることができる。

・デジタル教科書・デジタル教材は書き込みや消去を簡単に繰り返すことができ、書き込んだ内容を大型提示装置に表示できるため、児童生徒の考えを可視化し、議論を活性化することができる。また、多くのデータを集めることで教材のどの部分で理解につなげているのか等の検証に活用することも期待される。

・障害等により紙の教科書・教材を使用することが困難な児童生徒にとっては、文字の拡大や音声の読み上げ等により学習上の困難の軽減が期待される。

しかしながら、デジタル教科書の使用状況は、一部に留まっており、学校現場において導入が進んでいない現状です。今後、1人1台端末環境が早期に実現する見通しであり、障害のある児童生徒についての使用効果を踏まえ、より一層、デジタル教科書を有効に活用していくことが重要となります。このような現状を踏まえ、文部科学省では、令和3年度概算要求において、特別支援学校を含む小学校5・6年生（1教科）、中学校全学年（2教科）を対象に付属教材も含む予算を計上しています。

これらの動向を踏まえ、デジタル教科書やデジタル教材の効果を踏まえ、ICTを活用した取組も期待されています。

 **さいごに**

中央教育審議会初等中等教育分科会『「令和の日本型学校教育」の構築を目指して～全ての子供たちの可能性を引き出す、個別最適な学びと、協働的な学びの実現～（中間まとめ）』（令和2年10月）が公表され、2020年代を通じて実現すべき姿などが示されています。

今、学校教育が直面している課題や今後のICTを活用した遠隔・オンライン教育、そして、「新しい時代の特別支援教育の在り方」において、今後の特別支援教育の在り方を有識者によって議論されています。今後、これらの動向に注目していただきながら、これまでの肢体不自由教育の実践と蓄積を生かし、全ての子供たちの可能性を引き出す、個別最適な学びと、協働的な学びの実現に向けた実践事例の発信を期待しております。

# 学校経営の視点から積極活用する遠隔学習システム

新しい時代の特別支援教育の在り方に関する有識者会議　委員
東京都立光明学園　統括校長　田村　康二朗

## ❶ 学校経営の推進手段として「遠隔学習システム」積極活用しよう！

　コロナ禍にあって、文部科学省と都道府県・区市町村の教育委員会と学校が気持ちを一つにして「学びを止めない」手段として、遠隔学習システムを活用したオンライン学習が一気に拡がりました。長く情報教育の推進に携わってきた教職員にとっては、夢に見た状況が予測を超えて大幅に前倒しとなって実現しつつあります。コロナ禍で目まぐるしく変わる状況下に

| オンライン授業 | 組織運営 |
|---|---|
| 遠隔学習システムを活用した学校経営 | |
| 教員研修 | 保護者連携 |

あってのことでしたが、改めてこの手段を学校経営の視点から分析し、学校経営目標のより高いレベルでの実現に向けて積極的に活用していきましょう。

　この章では、前段の国の動向を受けて、筆者が勤務校でトライした遠隔学習システムの経営的な活用についてカテゴライズしながら、そのメリットを説明します。

## ❷ オンライン学習 ～リアルタイムの双方向性が大きなメリット～

### ＜教材送付型遠隔学習支援＞

　「遠隔学習」、この言葉自体は「離れたところで学ぶこと」の意味しか示していません。ちなみに、本校では臨時休校期間中、「自宅学習支援の定期便」と銘打って、毎週木曜午前に郵便物を約200名の全家庭に発送していました。金曜午後には配達され、本人を囲んで保護者に送付物を確認していただく想定です。励ましのメッセージ、土日から始まる新たな１週間の学習プランの一覧表、各学習で用いるワークシートやシンキングシート等の教材、そして学校図書や学校に届いた教科書を学習内容に沿って毎回１冊同

**遠隔学習例**

- 教材送付型遠隔学習支援
- TV番組配信型オンライン学習
- 双方向の交流型オンライン授業
- 教科学習等のオンライン授業

封しました。郵便物の厚みは３cm以内。限られた大きさの専用封筒にどのような内容を盛り込むかは各担任の腕の振るいどころとなりました。これも「遠隔学習」の働きかけの一つの形です。ただし、本人の学ぶ様子（意欲・関心・態度）やそれを支える家庭の手ごたえがリアルには見えづらい形なのです。そこでICTを活用した遠隔学習の出番となります。オンラインは、リアルに双方で情報のやり取りができることがメリットです。

## ＜TV番組配信型オンライン学習＞

　臨時休業期間に入った４月、長期化を想定してオンラインによる在宅学習支援の準備を開始しました。そして５月連休明けから「こうめいTV（ティービー）」を立ち上げました。なぜTV番組配信型のオンライン学習を選択したのかといえば、通勤リスク軽減や乳幼児の養育のために教職員多数が在宅勤務中の環境下で、現実的には個別の学習配信は厳しい

こうめい TV の配信（４場面）

状況だったからです。肢体不自由教育部門では小学部低学年、小学部高学年、中学部、高等部の４チャンネル方式にして毎日ローテーションで、オンライン会議システムのZoomを用いて配信しました。Zoomについては、今年度に限り学校から教育委員会に利用申請すれば、年度内は利用可能と通知されていたので迷わず活用しました。第２体育館を専用スタジオに仕立て、各チャンネルにディレクター役とシステムコーディネーター役を決めるように指示し、各回のねらいとシナリオを作成の上、前日午後のリハーサルを経て、当日10時からの生送信でした。各回の放送前には、各家庭との接続確認が不可欠ですので、初回には開始30分前から接続準備タイムとしました。音声・映像と操作確認。各家庭での接続機器はPCとは限らず、スマートフォンとタブレットの利用が多く、操作環境も機種によって異なりました。

## ＜双方向の交流型オンライン授業＞

　その中での予期せぬ収穫は、この「接続準備タイム」でした。先生の顔と声がご家庭のモニターに映り、学園生の表情もこちらにリアルに映ります。３月から一度も登校できない中、久々にモニター画面で対面が実現し、声を掛け合うことで表情がほころびます。このあたたかな様子をギャラリーモードで多数の保護者が実感され、はじめはプライバシーが映るからと、家庭からの映像を止めていた方々も、安心できる仲間と先生だけの世界だと判断されて、映像をオンにして音声・画像が双方向に広がっていきました。そして、「こうめいTV」開始前の時間が別の意味で意義ある交流の時間となっていきました。校長としては、この有意義な時間を朝の会での心身の健康状態確認などの学級活動の拡大版と捉えて「ハロータイム」と名称変更し、「こうめいTV」と対となる前半部分として学校による学習時間に設定し直しました。

　このことに関連しては、令和２年４月、文部科学省から臨時休校で学校に登校できない児童生徒に対する、学習指導の基本的な考え方として、「児童生徒が自宅等にいる状況であっても、規則正しい生活習慣を身に付け学習を継続するとともに、学校と児童生徒の関係を継続できるよう可能な限りの措置をとることが必要であり、家庭学習と登校日の設定やご家庭訪問の実施、電話の活用などを通じた教師による学習指導や学習状況の把握の組み合わせにより、児童生徒の学習を支援するための必要な措置を講じる」ようにとの通知が示されています。ですので、児童生徒の実態によっては、こうした学習も公立学校として学校教育の一環として組み込むことが可能となっています。

　この学級活動に相当する「ハロータイム」後の「こうめいTV」では、①メインティーチャーによる学習内容の紹介の後、②歌唱、③一緒に踊ろう（体を動かそう）などのリトミック、④本日のメインテーマの学習（例：「田植え」や「ひまわりの種まき」など、登校できない中でも時期を変更できない栽培などの単元については、特設スタジオのカメラの前にプランターや水を持ちこんで、先生方による実演もありました）、⑤本日のまとめと次回の予告、⑥モニター越しの出席者への言葉掛けとエンディングによる構成となっています。

## ＜教科学習等のオンライン授業＞

　上記は主に自立活動を主とする教育課程と知的代替の教育課程で学ぶ学園生が対象でしたが、一方の準ずる教育課程では、１時間目から時間割どおりに各教科のオンライン学習で進行します。教室では、先生が教壇から生徒机にアームで取り付けたタブレットに向かって板書したり、送信したプリントを見せたり、双方の手元の教科書の当該ページを確認したりしながら、進めていきます。繰り返す中で、ホワイトボードのどのあたりを使って板書すると家庭側で見やすいのかなどのノウハウが蓄積され、徐々にスムーズになっていきました。このあたりは、実は本校に併置する病院内分教室のベテラン教員からのノウハウ提供が大変役立ちま

**タブレットを通した指導**

した。分教室の教科学習室と各病院のベッドを結んでの授業を行う際の提示のコツ、プリント作りのコツ、板書のコツ、話し方のコツ、教科書の使い方のコツの蓄積がポイントです。

## ＜リアル授業＋オンライン授業のハイブリッド型の授業スタイル＞

　臨時休業期間を終え、分散登校開始後や全面再開後も、基礎疾患のある学園生のご家庭では、そのまま在宅での学習継続を判断されたケースがありました。そこにも、この実践がつながりました。教室で机を並べての授業でしたが、２名はリアルで学習参加します。もう１名は生徒机のアームに付けたタブレットPCや遠隔ロボット「OriHime」で学習参加します。授業を重ねる中で全く違和感なく、まるでそこにいるかの如く授業が進んでいくようになりました。つまり意見を述べ合ったり、答え合わせしたり、解法を発表したり、スピーキングしたり等々も普通にできているのです。

## ❸　校務運営 〜働き方改革の切り札に〜

### ＜校内教職員への校長伝達等＞＜分掌・学年の連絡・情報共有＞

　都立学校では全教職員にSkypeが組み込まれた個人端末PCが配備されています。臨時休業期間中の在宅勤務時には個人端末を持ち帰っていましたので、これを職員会議等の全校伝達や分掌・学年等の教職員打ち合わせに活用しました。ただし、学校使用を前提とした仕様でしたので、情報管理上からカメラ・マイク・スピーカーが装備されていません。そこで100円均一ショップにマイク付きイヤホンを250人分発注して、これを用いることで双方向で音声のやり取りができるようになりました。学校外での使用となると、端末のスピーカーから音声が流れてしまうのは機密保持の点からも不安があったため、イヤホン配付は正解でした。

校務運営
- 校内教職員への校長伝達等
- 分掌・学年の連絡・情報共有
- 教育委員会との連絡会
- 校長間の情報交換等

　一方、校長・副校長に関しては、品不足の中でしたが、USB接続のマイク・スピーカー付きライブカメラを調達して、状況に応じて活用しました。さらに分教室の教職員向けには、オンライン学習で活躍している分身ロボット「OriHime」を用いて音声と画像を届けました。米大統領の会見には遠く及びませんが、日々生じる未経験の事態に際して、明確な方針と具体的な指示を学校の責任者が力強く語る表情を全スタッフに届けることは、不安感を払拭し、チーム学校としての結束を固める手段としても大いに有効でした。

### ＜教育委員会からの伝達や連絡会等＞

　教育委員会との会議も（当然ですが、文部科学省主催の中教審や有識者会議も）オンライン会議に切り替わりました。意外にも会議進行はことのほかスムーズでした。なぜなら、順々に意見を述べられるので発言機会が全員に確保されるからです。一方で、ワイワイ・ガヤガヤとフランクに質問したり、自由な雰囲気での意見交換はしづらいのではないかと思われました。

### ＜校長間の情報交換等＞

　感染予防から教育委員会による月例の校長連絡会の中止が続き、文書配布となっていましたが、4月に着任した新任校長は経験もない中でご苦労されいることを想像し、同僚として親身な支援ができないかと学校経営の支援を担当する教育委員会の課長に相談して、近隣10校ほどの特別支援学校長のSkypeを活用してのミーティングを月1回程度の頻度で行えるようにしました（不定期）。各校の現況や勃発した課題を

OriHime を用いた伝達

それぞれが報告した後に、任意の質問時間を設け、他の校長が情報提供する形式となりました。半数以上の校長がライブカメラを調達できていたので、表情を交わせることが悩みの共有とともに励まし合いにもつながりました。校長同士にとってもオンライン学習の手法を学び、ノウハウを蓄積する場になったのです。

オンラインシステムの活用にあたっては、公式な会議とフランクな情報交換の二面をうまく使い分けていくことがポイントです。

## ④　新たな研修内容の成立 ～一人一人に応じた学びをいつでもどこでも～

### ＜指定研修への遠隔システム活用＞

教員の研修も大きく様変わりしました。本校のある地域では、密集を避けるために、教育委員会による指定研修はWebでの自習確認後の効果測定による修得状況確認（全問正解しないと再自習・再効果測定対象）方式が導入されています。

研　修

- 指定研修の遠隔システム活用
- 校内研修の一部オンライン化
- 個別ニーズに応える遠隔研修

### ＜校内研修の一部オンライン化＞

校内研修も体育館等で全教員出席しての一斉講義型大人数の研修は、密集を防ぐためにすべて取り止めました。代わって、学年主任を対象にしたリーダー伝達型代表者研修や担当者研修へ切り替えました。前年度まで全校教職員悉皆で継続してきた指導実技研修も新任者や他校種からの転入者だけに対象を絞り込み、フェイスガードやアクリルボード等を用意して個別指導の模擬指導演習を体育館で間隔を取って行いました。分教室等からの電車移動が前提となる対象者は、オンライン受講に切り替えました。

### ＜個別のニーズに応える遠隔研修＞

さらにオンライン活用が進むと、個々の抱える課題や追究したい専門性に応じたパーソナル研修も可能ではないかと積極的な活用をしてみました。本校では、国立特別支援教育総合研究所の「肢体不自由教育専修プログラム」で講義をされている専門家の方が主催するNPO法人の発達支援センターが提供する全国各地から受講できる教員向け学習コンテンツ「動画で学ぶシリーズ」を希望教員が受講できるようにしました。例えば「お金の学習指導」「時計の学習指導」「計算の学習指導」等の多数のコンテンツから、担当児童生徒の学習進度に合わせて個々に学んでいけるように校内予算を投入したのです。学校としてはこれまで毎年度、専門家を招聘し、教職員の指導ニーズを汲んで、専門性向上研修や指導実技研修を行ってきていますが、すべての教員の今抱える指導課題に完全フィットした内容を取り込むことは実際には困難です。どうしても、いつか役に立つ・考え方を応用するとの最大公約数的な押さえで進めざるを得ないのが実情です。この個別化した研修が可能となることは、遠隔システム活用の大きなメリットです。

## ❺ 保護者との連携 ～ PTA の良さを各会員が実感できるチャンスに～

### ＜オンライン参加可能なハイブリッド役員会＞

　予想を超えて成果を実感できたことがPTAでの遠隔学習のノウハウ活用でした。感染予防をしながら在宅学習期間のPTA活動を確保するために、役員打ち合わせでZoomをすぐに活用し始めました。準備段階としてはコロナ禍の状況を踏まえ、PTAとしての無線Wi-Fi契約と保護者控室内での使用を校長が許可しました。さらに校長・副校長を交えた役員会では、校長室の大型モニターにメンバーを映し出し、一部役員は自宅から参加しました。異例の状況下にあっても、学校責任者から最新の情報分析や感染予防対策及びPTA活動への理解を実感できる場となったので、学校とPTA役員が一体となって教職員会員と保護者会員をつなげ、子供たちをしっかり守りながら工夫して教育を積み上げていこうという連帯感を高めることができました。

**PTA活動**

- オンライン参加可能な
ハイブリッド役員会
- オンライン保護者学習会

### ＜オンライン保護者学習会＞

　予定していた本校来場型の学習会開催が困難となったことを契機に、保護者学習会をすべてオンラインに切り替えました。「成年後見制度について学ぶ」「衣服の着脱の方法について学ぶ」「卒後に向けたオーダーメイドの支援プランづくりを学ぶ」等、保護者のニーズを取り込んだ研修案内を在宅の保護者に向かって発信しました。従来の来場型ですと、会場を参加者で一杯にしないといけないというような役員の負担感や、授業をやりくりしての会場確保の問題、小中高と年齢層が幅広く様々な実態を抱える学園生保護者の大多数に通じる最大公約数的な学習会テーマに束縛される問題等、気の重い課題が、オンライン化により一気に霞んでいきました。なぜなら数人の参加でも全く構わないからなのです。本当に多くの方が、学校に登校するという感染上のリスクからも移動面からも制約なく参加され、熱心に視聴や質疑をされている姿は新鮮でした。さらに教員が学べる内容には、

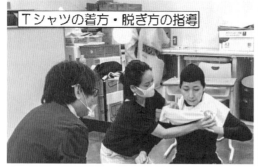

保護者向け学習会の配信（左：衣服の着脱指導、右：講師との対談）

招聘講師に了解をいただいた上で録画して、教職員向けの個別研修コンテンツとして活用しました。

## ❻ 対外発信 〜いつでも・遠くても・誰にでも〜

### ＜学校情報の対外発信＞

　従来行っていた「学校公開」（250名参加想定）、「学部進学を控えた保護者向け中学部説明会」（20名参加想定）、「高等部出願を検討している方のための説明会」（30名参加想定）も形を大きく変えました。ホームページ上での見学会と題して「寄宿舎の生活紹介」「部門・学部の教育紹介」など、動画コンテンツを整えながら、大事なポイントでは少人数申し込み型の説明会を行いました。どなたも動画をご覧になってからの参加でした。

**対外発信**

- 学校情報の対外発信
- 全校活動の共有と発信
- オンライン型全国公開研究会

### ＜全校活動の共有と発信＞

　全校行事も様変わりです。学校の一体感を味わう「文化祭のオープニングセレモニー」や「学年ごとの演劇等の舞台発表」は体育館に立ち見が出るほどの人気企画でしたが、全学園生が一堂に集まっての教育活動は現況では困難ですので、作品結集型の全校行事に切り替えました。一体感を味わう全校アクションとして、10m×5mの巨大な壁画作成を組み入れました。通学している各学年の集団や在宅訪問している約20名のご家庭、病院訪問をしている約30名のベッド上の学園生に向けて、アート作品の共同制作意図と参画呼び掛けのメッセージをタブレットPCに「動画配信」で招聘したプロの芸術家から直に伝えてもらいました。全学園生に直にメッセージを伝えてから、密集を避けるため、各教室に大きな生地を回しての少人数でのフリーペイント、また自宅や病院のベッド上では、抗菌画用紙への個別のフリーペイントも行いました。これらが集まったところで、病弱教育部門で学ぶ中高学部生徒の出番です。揃ったペイント済のパーツを貼り付ける校舎外壁への大胆なペイントに取り組みました。結果としてコロナ禍前では発想もできなかった、登校が難しい病院訪問学級・在宅訪問学級の学園生も全員参画しての共同制作プロジェクトが実現できました。こうしたプロセスもTwitterやホームページで随時発信し、保護者にも意図が浸透していきました。

### ＜オンライン型全国公開研究会＞

　こうした１年間の創意工夫した教育活動や培った専門性を発揮する授業を午前中公開し、午後の公開研究会の協議の場では外部参加者からの率直な改善点の指摘や成果検証を行うプロセスが本校伝統の全国公開研究会でした。しかしコロナ禍にあっては、授業公開時の学園生への感染リスクや多数が来校することによる参加者相互の感染リスクを避けるために、思い切って授業公開を取り止めました。よって平日開催の必要がなくなりました。

一般に公費出張者を前提とした全国公開研究会は、どこでも平日開催が基本でしたが、オンライン上での開催なら旅費を用意しなくても、そして各校代表1名とは限らずとも何人でも参加できるのですから、誰でも参加しやすい土曜日開催のオンライン全国公開研究会としました。

## ❼ おわりに

　特別支援学校には、様々な制約を抱える子供たちが入学・転学してきます。どの子供たちも、一見すれば日常は困難なことだらけのようにも思えるでしょう。しかし、それを肯定してしまっては「ここは、特別な教育ニーズにとことん支援ができる教育機関」であることを自己否定してしまうことになってしまいます。筆者は、常々教職員にこの学校にあっては「できない」理由は聞かないとはっきりと伝えています。「どのようにしたらできるのか」を聞きたいのです。これまでの多様な教員経験・人生経験を総動員して「こうすれば実現する」を提案してください。そのためには、校長もどんどん活用してください。どこにでも頭を下げてお願いしに行く用意も、特別な講師を呼んでくる覚悟も、予算をかき集めてくる気合いもありますと。学校責任者として、たまたまコロナ禍の一年だったから「我慢しよう、仕方がない」ということには絶対したくないのです。「いろいろ驚く一年だったけど、その分一杯体験できた」「一生の思い出になる」「実りある一年として末永く振り返れる」一年にしたいのです。それが学校経営を担う校長の責任なのです。制約条件があるということは「自由な発想」と「創意工夫」を発揮する絶好の機会です。教員魂を鼓舞して堂々と、そして柔軟に進んでいきましょう。

# 第 2 部

# 実践編

■オンライン学習
■校務・研修
■外部との交流
■情報教育

# 1 休校下における遠隔授業の取組

## オンライン授業としての可能性と教材・教具の工夫

北海道手稲養護学校　教諭　成田　一

Keywords　①遠隔授業と生活時間　②教材・教具の工夫　③課題と可能性

## 1 概要

　本事例は、2020年の新型コロナウイルス感染症の拡大に伴い休校となった際に通信事業者の社会貢献事業を受け、iPad mini（以下、タブレット）3台とpocketWi-Fi 1台の貸与を受けたことにより、家庭学習の支援を目的として行いました。対象生徒は、特別支援学校（肢体不自由）中学部在籍の肢体不自由のある生徒で、同じ学級に属する生徒2名、準ずる教育課程で学習している男子生徒1名と、準ずる教育課程（下学年対応）で学習している女子生徒1名を対象としてタブレットを家庭に貸与し、主に家庭学習への支援と生活習慣を整えることを目的としてスタートしました。遠隔授業を行うにあたって、環境の整備、個人情報保護など様々な課題について模索しながら準備をしました。また、遠隔授業での工夫、ICTスキルの差を軽減するために行ったことなどをまとめた事例です。

### 授業のポイント

　・操作が分かりやすく、できるだけ簡単な利用を目指す
　・遠隔授業の校内的な進め方、遠隔授業での課題の提示の仕方、ICT 機器の工夫
　・個人情報保護に関わる対応

## 2 実践

### （1）対象生徒の実態

　対象生徒は本校中学部3年の男女の1名ずつであり、男子生徒は準ずる教育課程での学習を行い、日常は本校に併設している医療機関に入院し病棟から通学しています。休校中は自宅に戻りプリント学習を中心に学習を進めていました。女子生徒は、下学年対応の教育課程で学習している生徒で、家庭から通学しています。女子生徒はプリント学習を行うことができますが、他者との関わりを広げることなども学習のねらいとしています。休校中は、感染防止のため家庭でも外出することも控えていました。このため、他者と関わることも少なく、ストレスがたまっている様子がありました。

## （2）遠隔授業での学習の準備と課題

　本校では、社会貢献事業を受けオンライン授業をどう進めるかを考えた結果、使用実績のある遠隔会議システム「Zoom」を使用することを考えました。Zoomの使用にあたっては、個人情報保護の観点から個人的なメールアドレスや電話番号の交換は避けなければならないという課題もありました。そして、一番大きな課題は、生徒に直接会って使用方法を説明できないことでした。これらの課題を解決するために、使用方法を分かりやすくまとめた写真付きの説明書を作成しました。また、貸与したタブレットのメールアドレス（@icloud.com）を取得することで貸与しているタブレット同士でメールのやりとりができるように設定しました。このことで、生徒の個人的なアドレスを交換する必要なく取り組むことができるようになりました。

　以下、その方法と取組について記述します。

第2部　実践編　オンライン学習

---

【遠隔会議システムを使用した授業の課題】
①生徒のメールアドレス、電話番号などは交換しない（個人情報保護のため）。
②説明書は簡単にし、写真を多くする（使用方法を簡素化し見て分かるようにする）。
③会議IDとPWを伝えることより、URLをクリックするだけで簡単に使用できる（打ち込みのミスを軽減する）。
④毎回、授業前に「ミーティングルーム」を作成することで、個人を特定されないような対策を行う（アプリの特性上のセキュリティ対策など）。
⑤時間割の作成を行う。

---

## （3）学習の始めにHR（ホームルーム）を設定する意味

　1時間目にHRを設定しました。理由は、遠隔会議システムで複数人数が交流できるアプリであることと、カリキュラムの異なる2名とはいえ同じ学級の同級生であること、互いの顔を見て会話をすることは学級のつながりには必要ではないかと考えたからです。また、HRでその日の授業や、連絡事項を確認する場面を設定することで、学校と同じ状況での生活パターンの確立や休校開けの生活リズムを整えやすいようにしました。休校下では、生活ペースが乱れやすいこともあるため、午前9時にHRを行い、「起きなければならない」という流れを自然とつくり、一日の変更などの情報を伝えられることができるようにしました。これは休校下において教科の学習以上に重要なことと考えます。このことにより、2人の生徒の生活リズムを整えることにつながると考えました。

## ③　遠隔授業（オンライン授業）の成果と課題

### （1）遠隔授業（オンライン授業）の不安を抱えた準備から軌道にのるまで

　最初の授業は家庭の都合上、女子生徒1名のみからのスタートとなりました。実施に際しては、保護者に家庭でのWi-Fi設定とインターネットに接続を依頼する必要があり、技術的な課題もありました。しかし、タブレットの操作は日常的に家庭の機器で使っていたこと、説明書を簡単にしたこともあり、女子生徒は保護者の支援を受けながら、生徒自身で対応することができました。

　HRでは、朝の会をはじめ「本日の予定」や「体調の確認」を行い、アプリのWB（ホワイトボード）機能を使い、教員の質問に対して女子生徒側のタブレットから日付を指で書き込む、名前を書き込むなどを５〜15分位のHRで行うことができました。授業を繰り返すうちに、女子生徒もアプリの操作に慣れ、教員との会話も弾むようになりました。

　後日、同じ学級の男子生徒の接続を試みましたが、日常的に携帯電話などの使用に慣れていたこともあり、接続を生徒自身で行うことができました。このことにより、生徒２名と教員でHRを行うことができるようになりました。生徒同士の会話という時間は設けることはしませんでしたが、Zoomで接続したときに互いにあいさつするなど、オンライン上とはいえ相手の表情が見えることで友達を意識してHRを進めることができるようになりました。

## （２）遠隔授業（オンライン授業）の教材の工夫

　遠隔授業の当初の課題としては、教員側の技術的な課題がありました。Zoomで授業を開始するには、はじめ「ミーティングルーム」に生徒を招待することが基本の操作です。しかし、ICT機器の操作に対して教員のスキルに差があるため、操作に詳しい教員のみが機器操作を行うと、一部の教員の負担が大きくなると同時に他の教員のスキルアップにもつながりません。そこで、生徒に配付した説明書と同じような説明書を教員向けに作成し、機器の操作に対してのスキルの差を軽減することにしました。また、アプリの基本機能の「WB」や「写真の共有」を使って授業ができるよう、遠隔授業時間と内容を校内で周知し、他の教員の授業の見学を促すことで、教員同士でも「どんなことができるのか」といった情報共有につながりました。

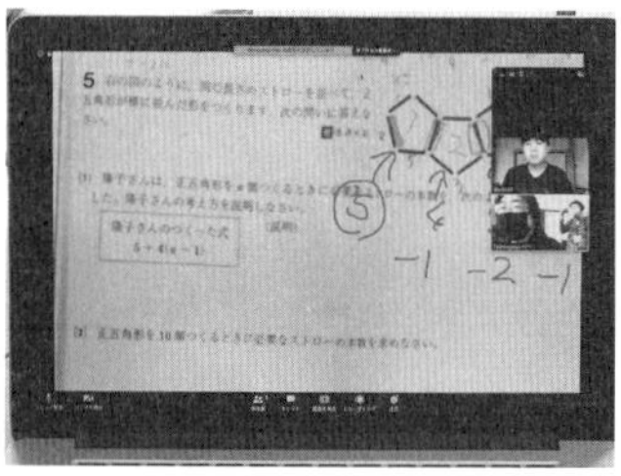

　男子生徒の授業では、家庭学習で渡しておいたプリントの確認の際、生徒にタブレットの「カメラを切り替え」で外部カメラに変更させ、分からなかった問題を画面に表示させました。その際に、教員側のタブレットでスクリーンショットした画面をタブレットと共有することで、相互に課題を画面上で共有し、学習を進めることができました（写真１）。教

写真１　相互に絵や文字も通信できる

員の説明の際に、写真にWBと同じように文字や図を書き入れることもできるため、より詳しく説明することができました。相互に書き込みができることで、即時評価できるため、学習効果も高く、男子生徒も集中して取り組めました。また、説明した内容の画面を生徒側でスクリーンショットを使って保存することができるため、男子生徒も授業後に学習内容を再度確認することができました。

　また、女子生徒の自立活動では、教員が実際にカメラ越しに体の動かし方を見せることで、保護者の支援を受けながら自宅でトレーニングを行うことができました。日常から授業で使用しているプリント教材を写真に撮っておき、遠隔授業の際に画面を共有し、女子生徒側で書き込み、教員側で即時評価を行う

写真２　WBで即時評価

こともできました（写真2）。タブレットではアプリの機能上PowerPoint（PPT）の使用が難しいため、教員側でタブレットのほかにPCで「ミーティングルーム」に参加し、PPTで作成した教材や計算問題を表示することで、ペンでの書き込み以外でもアニメーションなどの動きのある教材の提示も可能としました。ほかにはフラッシュ計算のように計算問題を画面越しに見せ女子生徒が答える（写真3）など、普段の授業と変わらずに学習を行うことができました。

写真3　フラッシュ計算

第2部　実践編｜オンライン学習

## ④ まとめ

　今後の遠隔授業の指導の方向性として以下の3点を考えています。

　1つ目は、教材の工夫は、スキルではなくできることから始めるということです。ICT機器は生徒の興味・関心を引きやすく楽しい反面、教員側の技術力を求められがちです。しかし今回の事例からも誰でもできるための支援として、分かりやすい説明書の作成や操作の簡便化など工夫を行うことが必要であることが分かりました。また、教員間での積極的な授業の交流によりお互いに技術を補いながら授業もできたと思っています。

　2つ目は、個人情報保護とのバランスについてです。教員の自宅から直接生徒と接続することはシステム上可能です。しかし、そこにはセキュリティやモラルの課題がある上に、何か問題が発生している場合でも専門的知識が少ないと使用者が気付きにくいという状況があります。このことから、本校では授業を行うためにホストとなるタブレットは必ず学校を中継して接続することとしました。これにより、在宅勤務中の教員であっても「ミーティングルーム」に招待することで、個人情報保護や犯罪防止の観点からも安全に遠隔授業を行うことができるようになりました。

　3つ目は、授業の設定時間に常に注意を払うことです。ICT機器、タブレットは「見る」ということで常に目を酷使しています。生徒はもとより教員側の身体的負担も大きいため、頭痛や吐き気など体調不良なども考えられます。実際の授業にあたり、使用時間には配慮することが大切であると考えます。

　今回は、教員の朝打ち合わせや会議なども、同様のアプリを使用して参加できるようにしました。全職員がアプリを身近に使用する機会を設けたことも、使用に対する抵抗感の軽減につながったと考えます。

### コメント

　感染拡大に伴う休校という制約が多い状況下において、オンライン学習を立ち上げ、課題の提示の仕方やICT機器の活用の仕方を工夫した過程が詳しく紹介されています。実践の規模は小さいのですが、今回の実践からオンライン学習を拡大するために必要な要件等が抽出されており、多くの学校の参考となることでしょう。

（下山　直人）

| 高等部（肢体不自由教育一部）| 全教科

# 2 「できない」を「できる」に変える 新しい学び方

## 「Zoom」を利用したオンライン授業の実践

青森県立青森第一高等養護学校　教諭　木村　歩

 Keywords ①オンライン授業　②学びの保障　③新しい学び方

## 1 概要

　本校は、肢体不自由教育と知的障害教育を行う高等部単独校です。肢体不自由教育部は一部と二部に分かれており、一部には高等学校に準ずる教育課程での学習及び知的代替の教育課程で学習する生徒が、二部には知的代替の教育課程で学習する生徒及び自立活動を主とする教育課程で学習する生徒が在籍しています。

　学校におけるAT・ICTについては、各教育部とも生徒が自分専用で使える携帯型情報端末があり、授業の中で積極的に活用されている状況です。

　令和2年3月に政府からの要請に基づく臨時休業、4月には緊急事態宣言に基づく臨時休業があり、本校も令和2年3月3日から3月26日までと4月20日から5月6日まで臨時休業となりました。臨時休業期間の生徒の学習については、週1回程度家庭への電話連絡と課題プリントの郵送などで対応しました。一方、学習時間を確保するための対応策としてメディア等でオンライン授業が取り沙汰されるようになったことや、長年交流学習を行ってきた近隣の高等学校がいち早くオンライン授業を始めたこと、そして何よりも令和元年12月に背骨の手術を行った生徒が入院加療と自宅静養を経て、隔日での登校となったことで、この生徒の学びの保障のために肢体不自由教育一部でWeb会議アプリ「Zoom」を利用したオンライン授業実施の可能性を探ることにしました。

## 2 授業のポイント

　この授業のポイントは、臨時休業中に教員によるZoom体験会を実施した後、休業明けに生徒と対面での練習を経て自宅からの授業参加へと、段階的に取り組んだことです。オンライン授業は、学校としても初めての取組だったため、教員も生徒も試行錯誤の連続でしたが、令和2年度の夏休み前にはほぼトラブルなくオンライン授業が成立するようになりました。以下はその経過です。

## （1）教員のZoom体験会

　まずは、4月の臨時休業に入ってすぐオンライン授業を始めた交流校（近隣の県立高等学校）のノウハウを学ぶため、実際にオンライン授業を行っている様子を見学し、Zoomの設定の仕方や生徒への伝え方、成果と課題について教えていただきました。本校では、臨時休業中の5月はじめに自主研修という形で教職員によるZoom体験会を行いました（写真1）。在宅勤務中の教員も含め十数人が参加し、遠隔でも実

写真1　Zoom体験会

際にコミュニケーションをとれることが分かるとともに、教材の見せ方や、より伝わりやすいコミュニケーションの工夫などの課題も見つかりました。

## （2）学校でZoomの練習

　臨時休業中に、生徒用と教師用の携帯型情報端末すべてにZoomをインストールし、5月はじめの臨時休業明けすぐに、情報の授業の中で生徒全員にミーティングへの参加の仕方を教えました。デジタルネイティブ世代の生徒たちはすぐにやり方を覚え、スムーズに参加することができました。その後、総合的な学習の時間や総合的な探究の時間等でも、意図的に離れた教室にいる生徒同士が進捗状況を確認する必要のあるグループワークの課題を設定し、Zoomの練習を重ねていきました。

# ③ 実践

## （1）普段の授業

　5月末から、隔日で登校していた生徒に、Zoomでのオンライン授業をスタートしました。青森県教育委員会の規定で、学校で使用する携帯型情報端末は自宅での使用が禁じられているため、生徒は自宅のWi-Fiに自分のスマートフォンをつなぎ、オンライン授業に参加することにしました。初回は自宅から参加している生徒の声が聞こえないというトラブルがありましたが、学校側から画面に提示した指示に従って、スマートフォンを自分で操作し、無事に音声も聞こえるようになりました。回を重ねるごとに機器や接続のトラブルも減っていき、スムーズに接続できるようになりました。

　オンライン授業開始当初は、写真2のように携帯型情報端末を設置し、授業者から自宅にいる生徒の表情が見えるようにしました。しかし、自宅にいる生徒からはホワイトボードと授業者の姿しか見えず、クラスの生徒からは自宅にいる生徒の表情が見えないので、生徒同士は声だけのコミュニケーションになってしまうことが課題として出てきました。そこで、写真3のようにクラスの生徒全体を映すための携帯型情報端末をもう1台増やし、さらに、クラスの生徒から自宅にいる生徒の表情が見えるようにテレビモニターを設置し

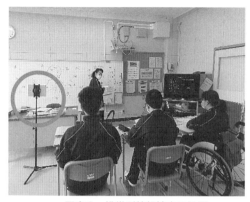
写真2　携帯型情報端末の設置

写真3　携帯型情報端末の増設

ました。このことで、自宅にいる生徒と学校にいる生徒がお互い表情を見ながらコミュニケーションをとることが可能となりました。

## （2）卒業生によるオンライン進路講話会

　例年、卒業生を学校に招いて進路講話会を行っていますが、今年度の開催は難しいと考えていました。しかし、オンライン授業のかたちが出来上がってきたことから、初めてオンラインで開催しました（写真4）。途中で通信が切れるというハプニングもありましたが、新しいかたちで卒業生とつながる機会となりました。

　講話会の準備作業では、前週に講師である卒業生と実際にZoomでの講話のリハーサルを行いました。スライドの文字の大きさや話すスピード、マイクの位置などの細かい点について確認し、修正したうえで再度リハーサルを行いました。

　講話会本番では、現在やっている仕事についての説明や働くうえで大切にしていること、学校生活でやっておくべきこと、人間関係をうまくやるコツ、笑顔でのコミュニケーションの大切さなど、生徒たちにとても貴重なアドバイスをもらうことができました。

　質疑応答では、生徒からのたくさんの質問に講師が一つ一つに丁寧に答えてくれました。予想以上に盛り上がり、講話そのものよりも質疑応答の時間の方が長くなるほどでした（写真5）。

写真4　オンライン進路講話会の様子

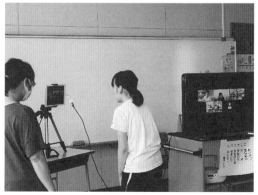
写真5　質疑応答の様子

## ❹ 授業の成果と課題

### （1）成果

　隔日登校している生徒にオンライン授業の感想を聞いたところ、「離れていても友達の声が聞こえるし、授業に参加できて嬉しい。ますます学校に行きたくなる。」とのことでした。次第に授業だけではなく、給食の時間や昼休みにもZoomを通しておしゃべりを楽しむようになっていきました。オンライン授業では学びの保障のみならず、友達とつながっている安心感を保つことができていることが大きな成果といえると思います。

### （2）課題

　課題は、より伝わりやすいコミュニケーション方法を工夫することです。自宅から参加している生徒はスマートフォンで画面を見ていることから、板書の文字の大きさや太さに配慮が必要です。また、画面越しのコミュニケーションにはどうしてもわずかなタイムラグが発生することから、話し出すタイミングに注意し、発問や指示は端的に行うことを意識する必要があります。これらのことがうまくいっているかどうか、生徒と確認し合いながら、より見やすく聞きやすいオンライン授業を作っていきたいと思います。

## ❺ まとめ

　コロナ禍において学校での学び方も大きく変化することを余儀なくされましたが、本校でのオンライン授業が軌道に乗ってきたことは思いがけない収穫となりました。

　今後は、これまで対面で行ってきた近隣の高等学校との交流学習をオンラインで実施する予定で準備を進めています。これからもオンライン授業でのトライアンドエラーを積み重ねていき、「できない」と思われていることも「こうしたらできるのでは？」という視点をもって、新しい学び方についての模索を続けていきたいです。

**コメント**

　オンライン授業の実施に向けた準備を丁寧に行って取り組んだ実践です。生徒同士のコミュニケーションを確保するための情報端末の増設等の工夫も見られます。今後の交流及び共同学習での取組や、使用する機器などの環境整備を含めて、改善したオンライン授業の実践についての発信を期待します。

（吉川　知夫）

｜中学部｜自立活動

# 3 臨時休業期間中における
# 学びの継続への試み
## オンライン授業による学習支援を通して

宮城県立船岡支援学校　教諭　八嶋　貴彦

Keywords ①重度重複障害　②オンライン授業　③人との関わり

## 1 概要

　宮城県でも臨時休業期間が６月まで延びたことで、学びの保障が切実な問題となりました。私が担当する中学部Ａ組（自立活動を主とした教育課程）の生徒も、健康の保持などの点で困難な状況に置かれることとなりました(図１)。そこで、学びの継続を目指して行ったオンライン授業の実践を紹介します。

| |
|---|
| ●生活リズムが崩れやすくなる。<br>●人との関わりが少なくなる。コミュニケーションや社会性を育む機会が減少する。<br>●認知機能が衰える。話をしたり、考えたりする機会が減る。<br>●運動しないことで身体機能が衰える。 |

| |
|---|
| ○規則正しい生活リズムを整える。<br>○返事をしたり、話をしたり、聞いたりする場面を作る。 朝の会・振り返りの会 <br>○対話形式で授業を行うことで、考えたり、話したりする場面を作る。 教科の学習 <br>○体を動かす場面を作る。 自立活動 |

**図1　臨時休業期間中の弊害（健康面など）とオンライン授業実施のねらい**

## 2 授業のポイント

### （1） 事前準備の工夫

　中学部Ａ組生徒の通信環境を確認したところ、全家庭でインターネットを使えることが分かりました。そこで、各家庭のパソコンなどにSkypeをインストールしてもらいました。学校側は教室にiPadやＴＶモニターで簡易スタジオを作り授業を行いました。

　また、今年度の中学部Ａ組には、昨年度からの持ち上がりの担任が１名もいなかったので、教師の顔や声に馴染んでもらうことをねらいにＡ組教師の自己紹介動画と５分程度の動画コンテンツ「なぞなぞ」「絵本読み聞かせ」などを入れたDVDを４月下旬に保護者に配布して、オンライン授業開始前に見てもらいました。

### （2） 生徒の実態を踏まえた学習時間・内容の工夫

　中学部Ａ組の生徒は５名で、３名が医療的なケアの対象生徒です。オンライン授業では、

保護者の協力が前提にあったため、負担を考えて授業は午前中に限定しました。また水分補給や排せつの時間を確保できるように休憩時間を設定しました。

　学習内容の面では、オンライン授業という映像を通しての授業においても人との関わりを意識できるように、生徒のコミュニケーション面での実態を中心にＴＴで共通理解しながら授業を組み立てました。また、見通しがもてるようにどういった学習をするかの週予定を、Skypeのチャット機能を使って連絡するようにしました。

## ❸ 実践

### （1）学習内容と指導上の留意点

　学習内容と指導上の留意点（表1）をＴＴで共通理解しながら進めました。

**表1　学習内容と指導上の留意点**

| 時間 | 学習内容 | 指導上の留意点 |
|---|---|---|
| 9：30<br>9：45<br>10：00 | 朝の会<br>音楽<br>休憩① | ・朝の会では、人との関わりを意識させるために呼名から始め、健康観察、今日は何の日、納豆体操の順番で生徒が見通しをもてるように学習内容を固定しました。また、生徒の好きな歌「パプリカ」「手遊び歌」を続けて行い、声を出すこと、体を動かすことを目指しました。 |
| 10：15<br>10：45<br>11：15<br>11：30 | 教科の学習<br>休憩②<br>振り返りの会<br>授業終了 | ・教科の学習では、興味関心の幅を広げることを念頭に、教材の工夫をしたり、教師がオリジナルのキャラクターに扮したりして生徒と楽しさを共有しながら学習することを心掛けました。<br>・振り返りの会では、自分や友達の感想を評価するようにしました。 |

　また、休日やオンライン授業に参加できない日の授業の補足を兼ねた動画コンテンツを週に3本ずつ（計9本）アップしました。生徒、保護者も喜んで見てくれました。

### （2）教科学習の主な内容

　教科学習の主な内容は（表2）の通りです。ＴＴで分担して準備を進めました。

**表2　教科学習の主な内容**

| 教科（回数）題材 | 授業の工夫点と学習の様子（写真） |
|---|---|
| 国語（4回）<br>絵本読み聞かせ<br>パネルシアター | 絵本の登場人物を生徒の名前や顔写真に替えて読み聞かせたり、歌を加えたり、「シャボン玉」のパネルシアターでは、パネルの前でシャボン玉を実際に飛ばしたりする演出をしました。 |
| 数学（1回）<br>数字遊び | だるま落としや指人形などを教材に用いて、生徒と一緒に数を数えるようにして、1から10までの数の学習をしました。 |
| 社会（3回）<br>日本地図すごろく | 日本各地のご当地ゆるキャラすごろくを使って、ルーレットを回す速度を「速くする」「ゆっくりする」などを生徒に選ばせて臨場感を高めました。 |

| 理科（3回）<br>水を使った実験<br>じゃがいもの成長 |  | ビニール袋に鉛筆を突き刺しても水がこぼれない実験や、じゃがいもの種芋を植えて成長する様子をクイズ形式で行いました。じゃがいもは学校再開後に生徒と一緒に収穫しました。 |
| --- | --- | --- |
| 英語（2回）<br>英語であいさつ | 外国人に扮した教師が、挨拶や食べ物や動物カードを使って「どちらが好き」を英語で尋ね、イントネーションや表現などを楽しめるようにしました。 | |
| 自立活動（4回）<br>ふれあい体操<br>教室探検 | ふれあい体操は、保護者の方に生徒の身体を動かしてもらいながら行いました。教室探検は、6月から登校する教室の様子をぬいぐるみのキャラクターを iPad の画面で探すというミッションで確認しながら行いました。 | |

## ❹ 授業の成果と課題

### （1）成果

①5月の連休以降、6月の学校再開までの17日間、オンライン授業を実施できたことで学習の継続を図ることができました。生徒の参加率は71%で、通院やデイサービス利用日以外、ほぼ全員が参加できました。

②オンライン授業を通して、教師や友達との関わりを保つことができました。毎回、授業をとても楽しみにしている様子が画

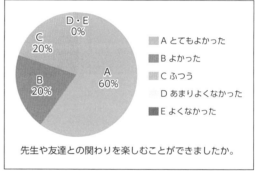

先生や友達との関わりを楽しむことができましたか。

**図2　アンケート結果（学校再開後に実施）**

面から伝わってきました。目を大きく見開いたり、瞬きの回数で「はい」「いいえ」を答えたり、大きな声で返事をしたり、それぞれの生徒のやり方で意欲的に取り組んでいるのが分かりました。

コミュニケーションや学習への意欲を維持できたこと、生活リズムを整えられたことも成果だと考えています。アンケートの結果（図2）やチャットに寄せられた生徒の感想（図3）、保護者の感想からもオンライン授業のねらいが概ね達成できたと考えています。

10:48

今日は理科面白かったですジャガイモがいっぱい大きくなって欲しいです。

**図3　Skype のチャット欄に寄せられた生徒の感想（ピエゾスイッチを使って本人が入力）**

【保護者の感想（一部抜粋）】

・長期休校でしたが、オンライン授業のおかげで生活のリズムが規則的になりました。スムーズに学校再開に対応できました。
・休み中もお友達や先生と交流ができ、とても良かったと思います。
・授業の内容が素晴らしかったです。動画コンテンツも楽しそうに何回も見ていました。

　普段の授業より密に生徒、保護者、教師が連携して表情を読み取ったり情報交換をしたりすることができたのも成果の一つだと考えています。

## （2）今後の課題

　今後ますますICT環境の整備は必須であると考えます。その中には私たち教師の専門性の向上も挙げられます。実際にオンライン授業中に画面が固まったり、音声が途切れたりするという場面もあり、試行錯誤しながらトラブルを解決してきました。

# ⑤　まとめ

　学校再開後もオンライン授業の成果を生かして次のような取組を行っています。
　①いつでもオンライン授業に移行できる枠組み（時間割の工夫）。
　②訪問学級生徒のオンラインでのA組授業への参加（遠隔授業）。
　③学習内容を繰り返すことでの学びの深化。 動画コンテンツ
　⇔ オンライン授業 ⇔ 学校再開後の授業 をつなげながら内容を発展させる。
　　夏休み中にSkypeにアップした動画コンテンツ9本も好評で、続編への要望もあった。
　④3密対策としてのオンライン（Zoom）を使っての学部行事、音楽の授業の実施。

シャボン玉飛ばし

　成果を継続・発展させながら、刺激量の調整などオンライン授業ならではの可能性も模索し、今後の指導につなげていきたいと考えています。

じゃがいも掘り

コメント

　　自立活動を主とした教育課程で学ぶ生徒を対象としたオンライン授業の取組です。授業開始前の事前の準備、教員間での共通理解と分担を検討して実践されています。重度重複障害の生徒の生活リズムを整えることや、学習への意欲を維持するなどの成果が見られ、学校再開後の授業に生かしている点も参考になる取組です。
　　　　　　　　　　　　　　　　　　　　　　　　　　　　　　　　　　　（吉川　知夫）

│学校全体の取組│

# 4 臨時休業でも学びを止めない！

## 〈桐が丘オンライン学校〉による家庭学習支援への挑戦

筑波大学附属桐が丘特別支援学校　教諭　小山　信博

Keywords ①家庭学習支援　②学習保障　③生活リズム

## 1 概要

　〈桐が丘オンライン学校〉は、臨時休業期間中の2020年5月7日(木)～29日(金)、担任や授業担当者と家庭をインターネットでつないだ家庭学習支援の取組です。児童生徒の学習保障と生活リズムを整えることを目的に実施しました。

　家庭学習支援は、最終的に時間割通りに学習活動が展開されることを目指して、短縮時間割から段階的に実施しました。また、Web会議システム「Zoom」を活用しつつも、児童生徒の実態や各家庭の通信環境に配慮し、1コマの授業の全時間をZoomでの学習とはしませんでした。段階的な実施は本校の「準ずる教育課程」での実践ですが、施設併設学級に在籍する障害の重度な児童生徒に対してもZoomを用いた学習支援を行いました。

　また、この取組を評価するために、保護者、児童生徒、教員に対してアンケートを実施しました。特に保護者には、中間（5月15日）、終了後（5月29日）の2回実施しました。終了後のアンケートでは、保護者の90.9%に「満足」「とても満足」、児童生徒の88.3%に「たのしかった」「とてもたのしかった」と、高く評価されました。

## 2 実践に向けた経緯

### （1）3月2日、全国が一斉に臨時休業

　2020年2月28日(金)、児童生徒と対面できる「最後の授業日」となりました。

　そこで、この日、当校では、今後しばらく自宅で学習を進めていくことについての指導を行いました。中・高等部については、可能な範囲でインターネット等の活用も進めることにしました。これらの準備と情報部の環境整備によって、3月当初から、家庭学習支援と教職員のテレワークを始めることができました。また、この間、担任による電話連絡を通して、各家庭や児童生徒の様子を把握し続けられるよう努めました。

### （2）4月、臨時休業が延長 ～緊急事態宣言下の家庭学習支援～

　4月からは、テレワーク中の教員をZoomでつないで、会議が行われるようになりました。

また、情報部により各家庭の通信環境の把握を急ぎながら、通信環境の整った家庭とZoom による朝の会等を試行的に実施しはじめました。

## （3）５月、臨時休業が再度延長 〜学校教育の危機への挑戦〜

4月24日（金）、校長により全教職員にメールが配信されました。

> 我が国の学校教育は、今、未曾有の危機の中にあります。学校を再開しようとすれば子供の命を脅かすという危機、終息が見通せない中で学校の存在意義である学習が保障できないという危機。ここにどう立ち向かうかが問われています。

この危機に立ち向かうため、当校では、これまでの準備を結集させ、ゴールデン・ウィーク明けの5月7日（木）、〈桐が丘オンライン学校〉を立ち上げました。

## ❸ 〈桐が丘オンライン学校〉の実践

### （1）時間割通りを目指した段階的実施

Zoom で朝の会等の家庭学習支援を進めてきたところ、時間割通りの学習活動を想定したときの課題も見えてきました。例えば、スマートフォンなどの小型の機器で参加していたり、教材の出し入れを保護者が支援していたりしました。そのような家庭は、1日6時間の学習活動の実施は、準備が整わない段階であると考えました。

そこで、各学部の実情に応じた短縮時間割を編成し、4週間かけて時間割通りの実施を目指しました（図1）。

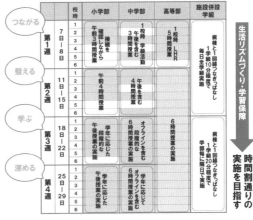

図1　各学部の実情に応じた段階的実施

### （2）1コマをつなぎっぱなしにしない「授業」の運営

4月の家庭学習支援では、高等部などで50分程度の「授業」を試みた例もありました。その試みからは、50分間 Zoom をつなぎ続けて「授業」をすることは、生徒が非常に疲労することが明らかになりました。また、情報部によって通信量についての試算が行われ、通信量や料金への配慮も必要と考えられました。

図2　小学部3年生国語の学習の様子

そこで、1コマの学習は、オンラインとオフラインの時間を切り替えながら行うことにしました。例えば、教員は授業の始め15分間、Zoom で学習内容について説明をし、児童生徒は残りの時間で課題に取り組み、課題ができたらメールで提出するようなやり方です。このほかにも、Google classroom を活用した課題のやりとり、ドリルワークや動画視聴などを複合的に活用しながら、つなぎっぱなしにしない「授業」の運営が工夫されました。

### （3）障害の重度な児童生徒に対するオンライン学習支援

　当校の施設併設学級キャンパスには、併設する心身障害児総合医療療育センターに入所する障害の重度な児童生徒が在籍しています。iPad を用いて教員と Zoom をつないだ試みは、1学級1回10〜20分程度の時間としては短いもので、障害の重度な児童生徒に対する働きかけとしては挑戦的なものでした。2カ月ぶりの教員の声に満面の笑顔で画面を注視したり、落ち着いた様子で絵本の読み聞かせに耳を傾けたり、教員の歌声に合わせて声を上げたりなど、今後の可能性を感じる実践となりました。

### （4）教務部による「桐が丘オンラインレポート」の毎日発行

　先生方には、Google フォームを活用して「授業」ごとの報告を依頼し、全期間で計 1,679 件の報告が蓄積されました。質問項目は、教科・科目名、参加できた／できなかった児童生徒数、使用した学習手段、指導内容の概要、うまくいった点／うまくいかなかった点、要望などでした。これを毎日、教職員のメーリングリストで共有することにより、普段であれば職員室で気軽に話せる気付きやノウハウなどが蓄積され、在宅勤務においても、教員同士で知恵を共有する仕組みにできました。

## ④　4週間の指導の展開

　前項の報告を対象に、計量テキスト分析用ソフトウェア「KH Coder」を用いて対応分析を行い、散布図を描きました（図3）。〈1〜4週目の□〉と〈○で示された語〉との距離が関連の強さを表し、〈○の大きさ〉が語の出現頻度を表します。

　1週目は「ガイダンス」という語が特徴的です。それが、2週目にはオンラインでの学び方の指導に変化していきます。3〜4週目に入ると具体的な指導内容が細かく描かれるようになり、本格的な各教科等の指導が中心になったことが分かります。

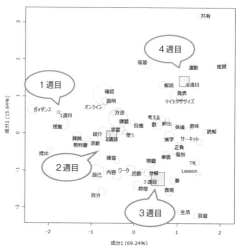

図3　4週間で変化していく指導内容

## ⑤　実践の成果と課題

　〈桐が丘オンライン学校〉での学習の進み具合を年間指導計画と比較すると、平均して約5〜6割程度でした。長期化した臨時休業中も学びを進めることができましたが、2回実施したアンケートでは、保護者の負担感も明らかになりました（図4）。主な理由は、子どもの学習を支援することで在宅勤務や家事がしづらい、Zoom に映り込まないように

するなど家族の行動が制限される、機器操作の不慣れや接続の不安定さ、児童生徒の身体の疲労への対応などでした。終了後のアンケートでは、慣れによって負担感が改善されたという回答もありましたが、段階的に「授業」を増やしていく過程で、負担感を改善できなかったことは課題です。

また、今後の〈桐が丘オンライン学校〉の充実に向けて、保護者からは、児童生徒の情報活用能

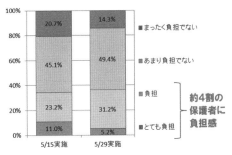

**図4　保護者の負担感**

力の向上が強く期待されています。これは、保護者の負担軽減に直結するばかりでなく、卒業後の社会参画に重要な力であると考えられているためです。日頃の学校での指導から、改めて充実させていくことが必要です。

他方、生活リズムについては、保護者の94.8% が「整った」「とても整った」と評価しました。学習保障と生活リズムづくりの目的は、高い水準で達成できたと考えています。

## 6　まとめ

保護者と生徒からアンケートに寄せられた自由記述を紹介します。

> 【保護者の声】
> ・オンライン学校が始まる以前は、なんとなくダラダラと１日を過ごしてしまっていたが、開始後は生活にメリハリが出てきた。また、画面を通して先生や友達の顔を見ることができることで、つながりを感じられたのではないか。（小学部）
> ・この先進的な取組のおかげで、学校との絆を感じたり、学習へのモチベーションが保てたりと、この上なく貴重な時間の使い方だったと感謝している。肢体不自由児にとって、ICT 活用は社会参加への大きな足がかりとなるものだと考える。学校生活が始まっても、入院中のフォローなど情報手段として大いに活用していただければと願う。（中学部）

> 【生徒の声】
> ・普段なかなかできない ICT 機器を使ったりしての勉強だったり、オンラインならではで電波が悪かったり機器の接続の仕方だったりを学んだりできたから良かった。（中学部）
> ・コンピュータの画面をいつもより長く見たり、機械の使い方で分からないことが多々あり、つかれることが多かったけど、その分、休憩時間も多く、うまくバランスがとれたかなと思う。ただ、自分の考えを表現できる範囲が限られていたのは、少しもの足りなかったと思う。（高等部）

当校は学校教育目標で「豊かな人間性を持ち、主体的に自立と社会参加を目指し、生涯にわたって自己の生き方を探究していく人間を育成する」と掲げています。今回の取組は、学習保障と生活リズムづくりだけでない、重要な学びの機会になりました。

〈桐が丘オンライン学校〉の取組やアンケート結果の詳細は、当校ホームページで公開されています。併せてぜひご覧ください。（https://www.kiri-s.tsukuba.ac.jp/kos/）

> **コメント**
> 　肢体不自由のある児童生徒一人一人の障害の状態等を踏まえ、授業時間を教師の説明、質問、個人で取り組む課題、提出などに分け、オンライン授業を効果的に進める工夫が示された参考となる事例です。また、家庭における通信環境の整備やコンピュータ等の準備、姿勢の補助など家庭との連携・協力の重要性を示しています。
> 　　　　　　　　　　　　　　　　　　　　　　　　　　　　　　　　　　　　　（菅野　和彦）

第2部　実践編　オンライン学習

| 小学部・中学部・高等部 | 自立活動 ‥‥‥‥‥‥‥‥‥‥‥‥‥‥‥‥‥‥

# 5 自立活動オンライン授業の実践

## 大型人形「しむじい」を活用した自立活動部の取組み

東京都立志村学園　主任教諭　波多野　裕子・主幹教諭　片山　勝義・主任教諭　滝本　ひろみ

> **Keywords** ①オンライン授業　②自立活動　③大型人形　④臨時休業中在宅支援

## 1 実践に至るまで

　新型コロナウイルスの感染症対策として、3月より学校は臨時休業となりました。その後、東京都のガイドラインの下で約4カ月間（分散登校期間も含め）、児童生徒の学びは在宅学習で行われることとなりました。休校が始まった当初、身体の取組みが継続できないことや「生活リズムの乱れ」「環境の中の適切な刺激の有無」など長期化による健康管理面への心配がありました。学校からの発信として、自立活動部からは郵送による「個別の課題連絡票」と「自立活動部だより」、日時設定しての自立活動電話相談もありましたが、一方向からの発信であり十分な在宅支援とはいえないものでした。家庭で過ごす子ども達の状況が見えないまま、自立活動部として不安を感じざるを得ない日々でしたが、そのタイミングで、オンライン授業の導入が始まりました。本校ではZoom（Web会議ツール）、YouTube（動画共有ツール）の両方を使用して様々な教科の学習内容が発信されました。自立活動部からの発信も、学習内容の選定として後述するような悩ましい課題がありましたが、とりあえず開始する中で改善を図ることとし、児童生徒、ご家族と学校が自立活動を通して結びつくことのメリットを重視して、実践を開始しました。

## 2 授業実践の概要

### （1）授業づくりの相談をする
### ① Zoomでの授業づくり

　週1回30分のオンライン特設自立活動の実施、対象は小・中・高の児童生徒です。本来は一斉授業ではなく、個別の障害の状態や発達の段階に応じて必要な取組を選択し、指導内容を計画的に設定していくのが「特設自立活動」です。しかし、今回の対応としては、一斉授業として、教育課程で2つに分け（①自立活動を主とする教育課程、②知的障害を併せ有する児童生徒の教育課程・準ずる教育課程）、2通りの授業展開をすることに決めました。毎回2つの学習指導案を自立活動部で作成し意見交換し、具体的に改善を図り本

番に向けて練習を重ねました。授業づくりにあたっては、「伝えたい内容は絞られている
か？」、時間限定の中で「より分かりやすく効果的に画面で伝えるには？」「家庭環境への
配慮は？」「リモート授業の特徴は何か？」等、すべて初めての経験からの試行錯誤でした。
会議では自立活動部教員がそれぞれの経験と知恵を出し合い、普段の個別の指導とは違う
集団授業を一からつくることとなりました。本番を想定した各教員の動きや立ち位置、カ
メラワーク、そしてフリップや小道具づくり、納得いくまでの実演練習に苦労しました。

② 　YouTubeでの発信

　自立活動では、毎回のZoom授業のダイジェスト版を約４分のYouTube動画にまとめま
した。オンライン環境が整わずリモート授業に参加できない家庭に向けての内容紹介や参
加者の復習用として、実施日から日を空けずに配信しました。授業内容を音響やフリップ
等で効果的に動画編集を行うよう努め、この期間に13本を保護者限定で公開できました（10
本は「身体の動き」、３本は「環境の把握」）。

## （２）　２つの教育課程別の授業のつくり方から見えるねらいと課題

　２つの教育課程の授業内容は、障害の状態や指導の課題は重なるところがありますが、
認知の特性や学び方、セルフケアの支援等、ねらいの相違を踏まえる必要がありました。
様々な実態の児童生徒を対象とするため、できるだけ共通事項に重点を置くような内容と
しましたが、授業の内容については更に検討が必要です。

**表1　２つの教育課程別の自立活動におけるねらいと改善点等**

| | 自立活動を主とする教育課程 | 知的障害を併せ有する児童生徒の教育課程、準ずる教育課程 |
|---|---|---|
| 授業の主要なねらい | ・保護者が例示を見ながら基本のストレッチに一緒に取り組めるようにする。その際、必要な関節部位や方向、大人の位置、注意事項などを適切に伝える。自立活動の内容をご家庭に伝える機会とする。<br>・他動的に保護者が動かしたとき、その動きに対して子供たちが協力動作を引き出せるようにする。<br>・体幹を安定させ、見ることに集中する。 | ・動く気持ちを大事にし、本人の参加意欲を高め、生活のリズムを整える。<br>・本人が主体的に参加、課題選択ができる内容も取り入れ、自身の姿勢保持等の課題を選択できるようになる。同時に頑張っている児童生徒同士がつながり、やりとりの機会にする。<br>・ストレッチ等の動きを最後の活動（歌やダンス）に入れる。リモート参加者で一体感を味わう。 |
| 改善されていったところ | ・参加の家庭が安全に進められるよう、進行役やカメラ担当以外の教員がモニターからの状況を確認し中継。必要な言葉掛けをした。<br>・お尻を自分で上げる等、自分の動きを引き出す場面では矢印で動きの見え方を強調した。<br>・他動的取組だけで終わらないように、最後に介助座位で画面を見る活動を入れた。安定した姿勢で人形を見比べる場面を最後に入れた。 | ・中高生など身体の大きい生徒が姿勢変換する際の時間がゆっくりとれるよう、画面を見て時間配分を長めにとるよう配慮した。<br>・参加者への声掛けの工夫として「もっと腰を起こして」「前を見て」等、児童生徒の個別の実態に応じた言葉掛けやアドバイスを自立担当者が行った。感想を聞き教員とのやりとりの場面を最後にとった。<br>・歌やダンスの分かりやすい見せ方に工夫をした。 |
| 家庭での様子 | ・普段関わりの少ない父親の参加も複数あり、子どもとのコミュニケーションの時間にもなったようだ。また、最後の活動（歌やダンス）では、兄弟も一緒に参加する様子が画面から確認できた。参加が10名を超えているためモニターを２台用意して、参加者全員の様子を把握しながら行った。 | |
| 課題 | ・毎回の参加者について授業開始するまでは把握できないため、事前に対象を想定して取組内容を絞ることができない点は今後も課題である。対象グループやテーマの事前予告ができるとよいか。 | |

## （３）　大型人形（しむじい）を活用する

　感染対策により医療機関でのリハの機会が激減した時期でもあり、児童生徒の身体の成

長発達に応じた身体機能の維持や姿勢の学習の機会をつくり、家庭でできることを支援していくことの必要性は高いと思われました。オンライン環境を利用して分かりやすく自立活動の取組を発信していくことが求められました。児童生徒達の身体の動かし方の実演では、あえて教員同士ではなく等身大の人形（しむじい）を使用し具体的な動きを伝えました（写真1）。教員が人形の手足を動かしますが、一つの課題動作ごとにフリップを提示し目的の部位の説明を入れて進行しました。視覚的に見やすくするための効果については、毎回意見交換し修正と改善を入れていきました（写真2〜4）。

写真1　改善点① しむじいのズボンと教員のジャージの色がかぶり、変更して分かりやすくした。

写真2　改善点② 「矢印」を使用して、注目してほしいポイントを指す。

写真3　改善点③ 座位をとった後に、興味をひくような画面を工夫。じっと見た後に10秒黒布で隠す。ツリーチャイムの音とともに変身した2人が登場。「違いがわかるかな？」

写真4　改善点④ ダンスは、教員の見本の後に人形が踊って再現する。見て分かりやすい振り付けとコールをする。

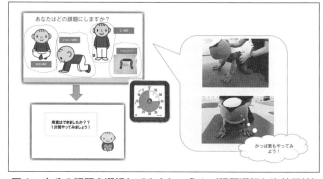

図1　自分の課題を選択してみましょう！（課題選択と姿勢保持）

　自立活動教員が人形（しむじい）へ自立活動を行うスタイルを継続することで、児童生徒は画面での授業に親近感を抱いたようでした。人形（しむじい）が登場すると笑顔の表情が画面から分かりました。人形達も座位やその他の姿勢をとって授業に参加し（図1）、保護者だけでなく児童生徒自身が授業に興味・関心を向けられるように意識的に人形に役割をもたせました。

## ③ オンライン授業の実際と工夫

　授業づくりを進める中で改善された部分については、複数の教員が協働で関わっているからこそであり、授業づくりには欠かせないものです。図2は実際の授業の流れの例です。

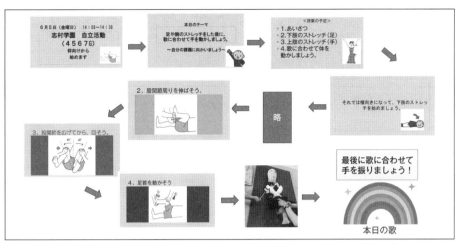

図2　知的障害を併せ有する児童生徒の教育課程の授業の流れ（第4回）

## ④ まとめ（成果と課題）

### （1）課題：在宅における環境の整備と授業内容の予告

　今回の経験を通し、自立活動のオンライン学習づくりに向けて解決していくべき課題が沢山あることを感じました。当然ながら、どの家庭でもオンライン学習の環境整備が必要です。そして自立活動における身体の取組みでは、子どもの姿勢がえに伴ってタブレット端末等を置く場所に保護者が大変苦労されていました。また、身体を動かす授業については事前に内容や開始姿勢の予告ができるように案内する必要があります。数回のシリーズ授業であれば、各テーマの一覧を示せるとよいのではと感じました。

### （2）成果：とぎれずに日常の生活への連続性をもたせられたこと

　臨時休業中は、不活発な状態や姿勢変換が少なくなりがちです。学校と同じ運動量の維持は難しく、体重増加や意欲低下を引き起こす事例もあります。画面からの定期的発信を通してご家庭と連携することで、学校再開時の生活にスムーズにつながることを今回の経験から実感しました。誰もが不安な状況の中ですが、保護者と子ども達へ「今すべきこと」を伝えられる有効な手段にもなります。なおかつ、「自立活動とは何か？」を再考する機会にもなりました。リモート授業での子ども達との応答性あるやりとりによって学校とのつながりが確かになり、心理的安定の指導・支援にもなりました。自立活動が、学部を超えて児童生徒をつなぎ、課題へ向かう気持ちを育む基盤であることを自立活動部で再確認しました。

> **コメント**
>
> 　本実践では、長期化する休業の中で、子供の学習と生活の基盤である自立活動の指導の重要性を踏まえ、身体の機能の維持と姿勢の学習を中心としたオンライン授業が紹介されています。限られた環境の中で授業のねらいを明確にしつつ、児童生徒及び保護者に分かりやすい提示に工夫を凝らしている点が参考になります。
>
> （下山　直人）

|小学部|家庭科・音楽

# 自宅と学校をつなぐ遠隔システムを活用した実践事例

## 分身ロボットの特徴を生かして

東京都立光明学園　主任教諭　前田　真澄・指導教諭　禿　嘉人

Keywords　①遠隔授業　②集団活動への参加　③分身ロボット

 **概要**

　本校は、東京都教育委員会の研究指定を受け、在宅訪問学級（準ずる教育課程）の児童生徒を対象とした分身ロボットOriHimeの遠隔システム（以下、分身ロボット）を使った遠隔授業の実践研究を行っています。「学び合いの機会の確保」と「ICTによる学習機会の拡充」をねらいに「関わる人の拡大」と「活動する場面の拡大」を通して、授業での効果的な活用を進めていきました。

　自宅での学習が中心であった児童が、分身ロボットを使うことで集団授業に参加したり、児童が行くことが困難だった場所と通信を行ったりすることで、他者との交流を深めるとともに新たな経験を積むことができました。

　本稿では、分身ロボットと臨時休業中に活用したZoom等のビデオ会議システムを、指導内容に応じて使い分けて実践した事例について報告します。

## **授業のポイント**

### （1）分身ロボットの特徴

　分身ロボットは、外出が困難な児童生徒に代わり、学校や行きたい場所にロボットを持ち込んで活動を行います。使用者の児童生徒は、自宅等からタブレット端末によって、遠隔でロボットを操作することができます。

　この分身ロボットは、音声での会話を双方向で行うことができますが、映像は児童側からのみ見ることができる単方向通信になっています。つまり、学校側（分身ロボットがある側）からは児童の様子を見ることができないため、児童生徒側では特別な配慮を必要とせず、気軽に利用することができます。また、ロボットの頭部にカメラが付いており、ロボットの顔の向きを変えることによって見る方向を変えたり、ロボットの手を動かすことによってジェスチャーで気持ちを伝えたりすることができるという特徴があります。

### （2）多様なツールの実践

　このように、分身ロボットと、映像と音声を双方向で通信するZoomに代表されるビデオ会議システムは、その機能と特性が大きく異なります。このことから、本校では、指導内容に応じてOriHimeとZoom、FaceTime等のツールを使い分けて遠隔授業を実践しています。いずれのツールも導入時には情報科の教員がサポートをすることでトラブル等の不安を解消し、教員が気軽に扱えるように配慮して実践を開始しました。

## ③　実践

### （1）分身ロボットの導入

　児童は家庭からタブレット端末を使って分身ロボットを操作しますが、児童自身は学校にあるロボットが動く様子を見ることができないという欠点があります。そのため、導入として、最初に分身ロボットを家庭に持ち込んでタブレット端末を操作することでロボットがどのような動きをするかを児童と一緒に直に確認をすることから始めました。対象児は、分身ロボットと出会う前に自主的にWebで

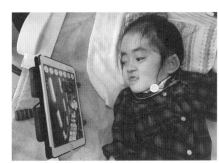

**分身ロボットの活用（自宅側）**

検索を行って情報を集めていましたが、実物が目の前で動く姿を見ると「かわいい！」とたいへん興奮した様子で抱きしめたり話しかけたりしていました。分身ロボットを「自分の分身であり自分の友達である」と捉えているようでした。

　また、導入当初は、学校にいる教員や児童にとっても、分身ロボットを自宅にいる児童が操作していることが理解しにくかったため、ロボットの下に児童の写真を貼り付けて分かりやすくする工夫も取り入れました。

　分身ロボットを導入した直後は、教員がタブレット端末を家庭に持参して準備を行っていました。分身ロボットを操作するためのアプリは非常に分かりやすく、しばらくすると児童が使用方法を理解して自分のタブレット端末を使って通信を行えるようになったため、教員が分身ロボットを準備するために自宅を訪問する必要はなくなりました。

### （2）家庭科「めざそう買い物名人」

　分身ロボットの活用が進んだところで、家庭科の授業として、自宅の近隣にある商店で目的に合った計画的な買い物をすることをねらいに、分身ロボットを用いて青果店を訪れる授業を行いました。

　対象の児童は、店頭に並んだ果物を見て、買い物の目的であるリンゴの品種がたくさんあることに驚いていましたが、リンゴの品種による味や食感の違

**分身ロボットで買い物へ**

いを分身ロボットを通して店員に遠隔で質問することができました。分身ロボットに搭載されているカメラの性能や通信の状況によって、リンゴの色味や斑点などの非常に細かな情報については見分けることが困難でしたが、ロボットの手で指し示すことによって、購入したいリンゴを伝えることができました。児童は、「はじめてのところに行くのは緊張するけれど、OriHimeだと相手から自分の姿が見えないから少し気が楽だった。」と感想を話していました。

　この取組では、児童と店員の会話を中心に進行できるように、事前に青果店の店員に教員が分身ロボットを持参して来店することについて了承してもらいました。また、対象児が居住する街での店舗の位置や外観が伝わるよう少し離れた場所にある最寄駅から通信を開始する工夫も行いました。

## （3）音楽「演奏の魅力」

　自宅から集団授業である音楽に参加する実践を行いました。分身ロボットの手を動かす機能を用いて、リズムに合わせてロボットの手を振ったり、音の大きさに合わせて手の振りの大きさを変えたりする試みを行いました。一般的なビデオ通信システムとは違い、教室にいる他の児童から見ても動きが分かりやすく、また集団の中に溶け込むことができる分身ロボットならではの双方向の取組です。また、ロボットの手を振るタイミングや手を振る大きさなどのロボットの動作は自宅側からでは確認することができないため、鏡を使ってロボットの動きを児童が確認できるようにする工夫も行いました。

リズムに合わせて手を振る

　教室にいる他の児童達も分身ロボットを通して、友達とやりとりできることをたいへん楽しんでいました。最初は分身ロボットそのものに興味をもつ児童も多かったですが、次第に「分身ロボットを通した向こうに友達がいる」ことを意識できるようになってきました。

　この音楽への参加は、対象児のみならず教室にいる他の児童も含めた、双方向の有効性を確認することができました。

## （4）一般的なビデオ会議システムを使用した指導

　本校では、Zoom等の一般的なビデオ会議システムも活用しています。新型コロナウイルス感染症拡大防止のための臨時休校期間中は、Zoomを使って児童と教師が1対1で算数、図画工作、音楽などの教科の学習を行いました。教員の課題に、筆記や描画、音や教具を操作して答える活動は、児童の出した答えに教員が評価や追加指導することが重要なことから、画面や機能がシンプルな一般的なビデオ会議システムを用いて指導を行いました。

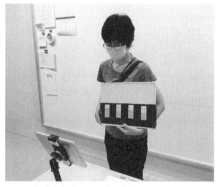

ビデオ会議システムを使用した授業

## ④　授業の成果と考察

### （1）授業の成果

　以上のような遠隔授業によって、これまで困難であった集団での授業への参加回数を増やすことができるようになりました。学年行事の事前学習や音楽など、自宅で行う個別の授業では十分な成果を得ることが難しい教科等についても、遠隔授業を実施することによって、自宅に居ながら集団に参加することが可能になりました。また、外国人講師による英語の授業など、訪問指導では不可能であった授業にも参加することができました。

### （2）考察

　遠隔授業の実践を重ねたなかで、Zoom等のビデオ会議システムには、対象児童からの細やかな表出を受け取りやすいというメリットがあり、知識を学ぶことが主目的の場合に利便性が高いことが分かりました。これに対し、分身ロボットは、対象児童と対応する側がストレスなく場を共有している意識をもつことができるメリットがあることから、周りの児童の中に溶け込んで集団の一員として活動の中に入っていくことができます。教員も対象の児童に対して、遠隔授業を行っていると過度に意識することなく、普段通りの集団授業を行える環境が出来上がりやすくなります。分身ロボットと一般的なビデオ会議システムは、それぞれの長所を活かして、教師が授業内容によってツールを選択することが遠隔授業を進めていく上で必要な技術だと感じました。

## ⑤　まとめ ～課題とその解決に向けて～

　現在、新型コロナウイルス感染症拡大防止の観点から、学びを止めないための工夫の一つとして遠隔授業が注目を集めています。しかし、遠隔授業は感染症防止だけに有効なのではなく、体調や治療等により、自宅や病室から出ることが困難な児童生徒にとって、これまでできなかった学習や活動ができる大きな可能性を秘めた学習方法になると考えています。特に、準ずる教育課程に在籍している児童生徒らは、学校の中でもごく少人数で授業を実施していることが多くあり、友達と意見を交換したり、学び合ったりする機会が非常に少ないことが課題になっています。遠隔授業は、こうした課題を解決する一つの方法ともなります。これからも、子供たちの学びを深めるために実践を重ねていきます。

> **コメント**
>
> 　在宅訪問学級の児童を対象とした遠隔授業の実践です。OriHime の利用では、ロボットの動きを確認できるように鏡を使用していること、指導内容によってツールを選択して使い分けること、情報科の教員のサポートなどの校内体制を整えること等、実践を進めるにあたって参考になる点が多い取組です。
>
> （吉川　知夫）

| 小学部・中学部・高等部 | 全教科対象

# ZoomやYouTubeを使った授業保障

## 学校と家庭をつなぐ、オンライン学習

東京都立府中けやきの森学園　主幹教諭　横井　路彦

Keywords　①授業保障　②合理的配慮　③環境設定　④連携

 **概要**

　新型コロナウイルス感染症が流行し、令和2年度は学校が4月7日から休校、6月1日から分散登校が行われることから、2カ月の学習の遅れが考えられました。最初は、各担任が家庭学習用にと、学習プリントや教科書を配布し、学習支援を行っていましたが、学校全体で組織的に対応を考え、教務部、情報教育推進部、研究研修部が連携を図り、Zoomを使ったリアルタイム配信による遠隔授業、YouTubeを使ったオンデマンド配信による学習支援を実施することにしました。

**2 授業のポイント**

### (1) 準備期

#### ① 教務部

　休校が余儀なくされている状況で、児童生徒に家庭学習が実施できるように、年間指導計画を見直し、家庭と連携して行える学習方法として、遠隔授業やYouTube配信を提案しました。学校全体の家庭学習の進行・管理を行いました（図1）。

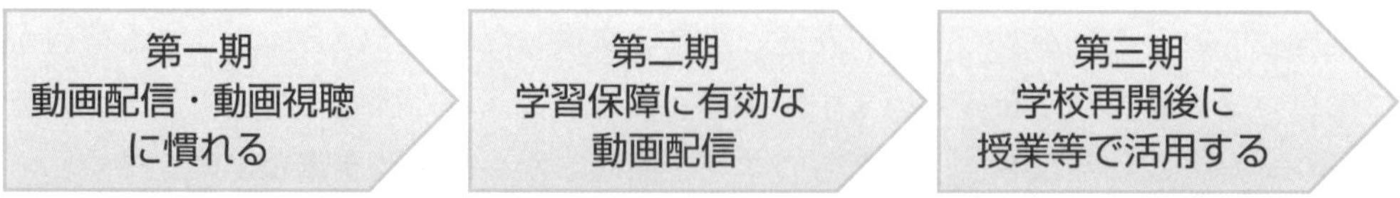

| 第一期　動画配信・動画視聴に慣れる | 第二期　学習保障に有効な動画配信 | 第三期　学校再開後に授業等で活用する |

**図1　オンライン学習支援の段階的な実施方法**

#### ② 情報教育推進部

　遠隔授業で使用するZoomやYouTubeなどICT機器の申請や配備、校内システムの構築を行いました。どの教師でも活用できるようにマニュアルを作りました。家庭にも、Zoomをすぐに活用できるように、分かりやすいマニュアルを作成しました。

③　研究研修部

　Zoomでの授業の進め方について検証し、全校の先生に向けて研修を行いました。実際に授業をZoomを使って教師同士で学び、実際に児童生徒がどう見えるのか、どう聞こえるかなどを検証しました。

## （2）学習支援期

### ①　Zoomによる学習支援

　Zoomを活用して行う場合、児童生徒、また教科によってホワイトボード、インタラクティブボード（電子黒板）、書画カメラなど様々な学習方法を選択しました。学習プリントの共有、実験の観察など、教科によって様々な用途があり、それぞれ児童生徒に合わせて工夫して取り組みました。毎授業の学習指導案と学習プリント（板書計画）を作成し、管理職にチェックを受けてから、家庭にプリントなどを送付して授業を行いました。

### ②　YouTubeによる学習支援

　児童生徒の実態に応じて、配信内容を検討しました。教職員の紹介動画や、学校再開後に実施する授業内容の動画、家庭で行えるストレッチなど、各学部の実施に応じて配信するとともに、全校の児童生徒に向けて、歯磨き指導や生活指導、校長先生のお話などを配信しました。

## ❸　実践

### （1）Zoomによる学習支援

#### ①　児童生徒の学習状況の把握

　オンライン学習支援の場合、児童生徒の手元が見えず、どこに何を記述するか伝えるのが難しかったです。そこで、書画カメラやインタラクティブボードを使って、同じ学習プリントを提示することで、どこを学習していて、どこに何を記述するかが分かりやすく提示できました（写真1～3）。

写真1　インタラクティブボードの活用

#### ②　教科学習の進行・管理

　児童生徒に家庭学習用のプリントなどを配布し、自主学習を促しました。その後、オンライン学習支援を開始し、家庭学習用に出した学習プリントなどの進み具合や理解度などを確認しながら、指導を行うことができました。

写真2・3　書画カメラの活用

### （2）YouTubeによる学習支援

#### ①　家庭で取り組めること

　自立活動の内容として、ストレッチやポジショニングの動画の配信や、歯磨き指導、教

職員紹介などを配信しました。４月も始業式のみの登校で担任の挨拶も終えていない状況であり、顔と名前を覚えてもらう機会になりました（写真４）。

② 授業紹介

　登校再開後に行う授業を紹介することで、児童生徒も登校後の見通しをもつことができ、授業がスムーズに開始できました。授業のときに、動画を使用することで、児童生徒も事前学習で見てきたことを思い出し、積極的に取り組めました。

写真４　YouTube 配信　サムネイル集

# ④ 授業の成果と課題

## （１）Zoomによる学習支援

　教師へのアンケート結果（図２・３）から、準備段階で「ICT機器の操作が難しかった」という回答が多かったです。Zoomを使用したことがない。インタラクティブボードや書画カメラを活用したことがないなど、機器操作に苦労したようです。今回の学習支援を通して、ICT機器の活用方法を覚え、他の教師に波及させていきたいと考えています。

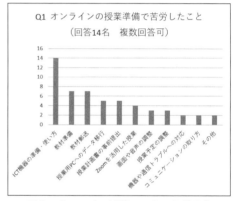

図２　オンライン授業アンケート結果①

　また、授業実践では、「会話のタイムラグが難しかった」という回答が多かったです。質問に対してその答えを聞くまでに時間がかかり、会話のタイミングが難しかったようです。児童生徒に合わせて、状況判断が問われると思います。

　そして、児童生徒への効果として、「コミュニケーションを図ることができた」という回答が最も多かったです。外出もできない状況において、顔

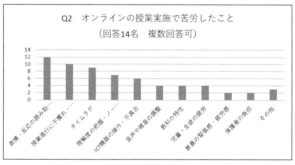

図３　オンライン授業アンケート結果②

を見て話ができる安心感があり、授業を重ねるにつれて、児童生徒も笑顔が多くなりました。児童生徒からも、「いつもと違う状況で楽しんで学習できた」「予習して分からなかったところが理解できた」「先生と話ができてよかった」など肯定的な意見が多かったです。一方で、「画面を見ていると疲れる」「長時間は難しい」などのオンラインならではの意見もあり、今後対策が必要と考えています。

## （2）YouTubeによる学習支援

本校では、YouTube動画を配信し、その動画について、児童生徒が視聴しているか保護者へ聞き取りを行いました（図4）。保護者からは、「知っている先生が動画に出たので、子供が喜んでいた」「子供が好きな動画を何回も見たがっている」など、家庭での活用について回答をいただきました。休校が続く中、児童生徒にとって知っている先生が動画に登場することで安心感を与えることができたと思います。

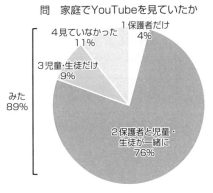

問　家庭でYouTubeを見ていたか

**図4　YouTube 動画アンケート結果**

授業の内容として配信した動画については、学校再開後に授業でその内容を行うことで、「知っている」「見たことある」など、話をしてくれたり、笑顔や指差しで伝えてくれたりしてくれる児童生徒もいました。動画をそのまま授業に活用しているものも多く、保健体育の体操の動画や、音楽のなどは、覚えるために何度も視聴したと回答をもらいました。

授業の動画を配信することで、授業の見通しをもって取り組むことができたと思います。動画を配信しただけでなく、何度も視聴できる、いつでも視聴できる利点を活かし、作成した動画を授業でも活かせるように検討していくことが必要になります。

## ⑤ まとめ

ICTを活用した家庭学習支援を行いました。Zoomを活用したオンライン学習支援では、家庭学習用のプリントなど分からないところを指導し、児童生徒の学習支援ができました。また、児童生徒の顔を見ながら授業が行えるので、安心感もあり、指導しやすかったと思います。YouTube動画配信は、「見たい時間に見ることができる」「繰り返し見ることができる」「授業でも利用できる」という利点から、児童生徒、保護者、教員からも好意的な反響が多かったです。

今回、ICTを活用して行った授業などの技術を、普段の授業にも活用できるように他の教師に広め、教師のスキルアップにつなげていきたいと考えています。また、今後も、休校を余儀なくされる事態が起こるとも考えられます。双方の利点を活用し、いつでも、家庭での授業保障・学習支援ができるように準備を進めていくことが必要になると考えます。

**コメント**

校内の連携を図り、マニュアルの作成等の準備を行いながら、組織的に対応してオンラインでの学習支援に取り組んだ実践です。リアルタイムでの支援と、オンデマンドでの支援を組み合わせて、効果的なオンライン授業を進めています。ICT 機器を活用するための教員研修の必要性等、明らかになった課題について、今後の発信を期待します。

（吉川　知夫）

# 8 学びを続けるための取組

## 本校の標準予防策とオンライン学習

東京都立大泉特別支援学校　主幹教諭　高瀬　真由美・主幹教諭　鈴木　英男

Keywords ①標準予防策　②オンライン学習

## 1 概要

　令和元年度末（令和２年１～３月）に新型コロナウイルス感染症拡大防止策により、令和２年３月２日より全都立校が臨時休校の措置をとることとなったため、本校は同日の臨時休校初日よりTwitterを用いて児童生徒に向けて教員による動画メッセージの配信を始めました。その後、オンラインでの学習を意識した内容の動画をYouTubeにて配信し、さらに双方向の通信が可能である遠隔ビデオ会議システムZoomを利用し、オンラインホームルーム（以下、ZoomHR）を行いました。

　緊急事態宣言の解除を受け、令和２年６月１日より分散登校が始まりました。校内で感染予防の標準予防策（レベル１～３）を策定し、感染防止の環境を整え授業を再開しました。また、医療的ケアの処置についてもこれまでとは異なる手順を策定し実施しました。

　ここでは、オンライン学習の実践例と今後の課題について、および安全・安心な授業を行うための感染症対策としての標準予防策、授業づくりの取組などについて紹介します。

## 2 授業のポイント

### （1）オンライン学習

　本校は平成28年度よりTwitterを利用し、授業や行事の様子をほぼ毎日発信していました。教員・児童生徒・保護者は日頃よりTwitterに慣れ親しんでおり、オンライン学習を行う素地は醸成されていました。このため臨時休校の初日からメッセージ動画を配信することができました。内容はTwitterの動画は２分20秒以内という時間

写真１　Twitter のメッセージ動画

制限があったため、児童生徒を元気づけるメッセージ的な内容が多くなりました（写真１）。

　４月下旬より長時間の動画を投稿できるYouTubeの利用が認められるようになったため、学習グループや学年ごとにオンラインでの学習を意識した内容の動画（３～８分）を

撮影し「限定公開」で毎日配信しました（写真2）。また、同時期にZoomの使用が認められたため、双方向での通信ができるようになりました。TwitterやYouTubeは一方通行の発信でしたが、Zoomでは双方向通話が可能になり、児童生徒からの反応や回答を見ることができました。

写真2　YouTubeにアップした動画

### （2）感染症対策としての標準予防策

家庭とのオンラインでのつながりを続ける一方で、臨時休校中に学校での感染症対策の検討を進めました。検討を推進してきた部署は、医療的ケア安全委員会、医療的ケア部、保健給食部です。文部科学省および東京都からの通知文をもとに、学校医の指導・助言を受けながら本校の標準予防策を作成・策定をしました（表1）。

**表1　標準予防策（抜粋）**

| レベル | 実施すること | 想定される場面 |
|---|---|---|
| レベル1<br>（軽度標準予防策） | マスク着用、手洗い、アルコール消毒、アルコールボトル携帯 | ・通常の授業場面<br>・移乗時（咳なし、流涎なし）<br>・トイレ介助時（咳なし、流涎なし） |
| | マスク着用、手洗い、アルコール消毒、アルコールボトル携帯<br>＋両手手袋 | ・医療的ケア実施時【注入、衛生管理（吸引、吸入以外）等】 |
| レベル2<br>（中等度標準予防策） | レベル1に加えて、<br>両手手袋、ゴーグルかフェイスシールド、ガウンを装着。<br>＊実施時の環境に配慮する | ・移乗時（咳あり、流涎あり）<br>・トイレ介助時（咳あり、流涎あり）<br>・摂食介助時<br>・医療的ケア実施時【吸引】 |
| レベル3<br>（高度標準予防策） | レベル1に加えて、<br>両手手袋、ゴーグルおよびフェイスシールド、ガウン、帽子を装着。<br>＊実施時の環境に配慮する | ・医療的ケア実施時【吸入】 |

## ③　実践

### （1）オンライン学習

TwitterとYouTubeの動画配信は、臨時休校中毎日配信しました。内容は音楽・体育・国語算数・英語・美術・身体の取組など多岐にわたりました。撮影を続けることで、学習のねらいやポイントを伝える技術が向上し、さらに動画に文字や歌詞を挿入し、表現度を上げことができました（写真3）。

写真3　動画に文字を挿入

ZoomHRは、週あたり2〜3回（1回あたり約15分）行う時間割を作りました。教員は今までZoomを扱うことがなかったため、ITリーダー（筆者）がZoomの操作方法校内研修会を行い、Zoomスタジオの仮設や機器などの環境を整える等のサポートをしました（写真4）。臨時休校中は教員がテレワーク中であったため、カメラに映るメインティー

第2部　実践編　オンライン学習

チャーは固定せずに日替わりで担当しました。これらにより「誰でもオンライン学習を行える環境」を整えることができ、教員の不安や負担を軽減することができました。

　Zoomの利用にあたって、保護者の不安をなくすために家庭との接続テストを行いました。うまくつながるか不安でしたが、児童生徒の顔がモニターに映し出されたときは教員から歓声があがりました。

写真4　Zoom HRのスタジオ

　ZoomHRでは家庭内の様子を報告するだけでなく、絵本読み・歌・マイブームの紹介など、学部ごとに特色ある内容でした。特に楽しかった活動がZoomの画面共有機能（ホワイトボード）を使った塗り絵です。参加者全員が一つの下絵に塗り絵をして、オンラインで一つの作品を作ることができました（写真5）。

写真5　Zoom 上での塗り絵

## （2）感染症対策に配慮した授業づくり

　学校の全面再開に向けて、本校の指導教諭が6月26日に感染症対策を踏まえた授業づくりの校内研修会を行いました（写真6・7）。臨時休業期間・分散登校期間の中で、教職員は標準予防策を身に付け、児童生徒の指導にあたってきました。これまで通りの授業展開ができないため、感染症対策と授業を両立させる難しさがありましたが、授業づくりのヒントを共有することができました。

写真6　校内研修会資料

写真7　校内研修会資料

## ④ 授業の成果と課題

### （1）オンライン学習

　臨時休校中にやむを得ない理由により児童生徒が学校で過ごすことがあり、登校している児童生徒は教室からZoomHRに参加しました。ZoomHRに家庭から参加した児童生徒と学校から参加した児童生徒の合計の参加率は、全校全期間平均で約55％でした。参加できなかった児童生徒はディサービスを利用していたことが主な理由です。また、肢体不自由児が本人のみでオンライン授業に参加することは難しく、家族の支援が必要となります。家庭にネット環境がない場合は、学校から機器を貸し出すこともありました。通信費も家

庭負担となります。家庭のインターネット環境の整備・充実などが今後の課題です。

## （2）感染症対策としての標準予防策

　教職員は、標準予防策に基づいた対応を実施しています。医療的ケアに関しては、小学部・中学部・高等部で保健の部屋を設定し、吸引等の対応をしています。吸入に関しては、エアロゾルが発生すると考えられているため、医師の指示のある薬液吸入のみの実施とし、専用スペースで本校標準予防策のレベル3の対応で行っています。今後の課題は、実施できていない吸入の対応です。

## ⑤　まとめ

　臨時休校期間が終わり通常の授業になっても、感染を懸念し登校せずに自宅待機をしている児童生徒が若干名おり、このような児童生徒に対してオンライン授業を行っています（写真8）。また、オンライン学習の環境が整ったことにより、訪問学級の児童生徒がオンラインで教室の授業に参加するようになりました。今までは自宅にて授業を受けていた訪問学級の児童生徒が、オンラインで教室にいる友達の顔を見て、声を聴いて授業に参加することができます（写真9）。このことは、訪問学級の授業改革や長欠児童生徒の学習保障につながります。今後はこれらに対応できる授業のデザイン力が教員に求められます。

**写真8　自宅待機児童の授業参加**

　東京都は今秋よりオンライン学習のメインツールをZoomからMicrosoft・Office365「Teams」に移行します（写真10）。全教員と全児童生徒にIDを発行し、オンライン・オフラインでの学習を強化します。Teamsには教材配布などの機能が豊富にあるため、教員がこれらのツールを使いこなせるようにスキルアップする必要があります。また、組織的にオンライン学習を進めるには、環境を整え、役割を付与するコーディネート業務が必須であり、これらを担当する教員の存在が重要となります。

**写真9　訪問学級児童の授業参加**

**写真10　Teams アプリ**

### コメント

　万全の感染予防対策をとりながら、従前から行っていた ICT 活用で迅速な対応をし、長期化に伴いオンライン学習を充実させてきた様子が、時系列に即してていねいに紹介されています。オンライン学習の経験が、訪問教育や長欠児童生徒の学習保障につながることにも言及されており、今後の継続的な実施と指導の効果を期待するものです。

（下山　直人）

| 小学部・中学部 | 総合的な学習の時間

# 9 オンラインで "つながる" 授業

## 「七夕お絵描き」とフェイスシールドの寄付

新宿区立新宿養護学校　教諭　伊藤　竜矢・苗代　築

Keywords ①双方向　②一体感　③地域社会　④バリアフリー化

## 1 概要

　新型コロナウイルスの感染拡大に伴い、感染症対策としてWeb会議システム「Zoom」を用いた双方向型のオンライン授業を実施しました。特殊な状況がきっかけで始まった双方向型のオンライン授業でしたが、ウイルスの収束後も活用することができると考えられる実践が多くありました。オンライン授業におけるZoomの活用により、様々な制約のもと、登校や校外での経験を積むことが難しい児童生徒も、他の児童生徒と同じ経験を積むことができました。そのような具体的な事例を小学部の教科の取り組み、中学部の地域社会とのつながりの2点で紹介します。

## 2 授業のポイント

### （1）どこにいてもつながる

　新宿区の取り組みとして、各家庭へのLTE通信ができるタブレット端末貸出が行われました。これにより、学校だけでなく自宅でも授業に参加することができました。

### （2）地域の方々と直接つながる

　Zoomの利用により、外出の難しい児童生徒も、商店街や施設の方々と顔を合わせてのコミュニケーションをとることが可能になりました。

## 3 実践

### （1）小学部：「たなばた」（図画工作）

　小学部では、Zoomのホワイトボード機能を使用し、登校している児童と家庭にいる児童全員で、1つの笹薮の絵を描く「七夕お絵描き」を行いました。全員が同時に1つのキャンパス上に絵を描くことで、離れた場所にいながらも、児童や教員の連帯感が生まれまし

た。Zoomの機能を上手く活用することで、図画工作のような教科でも、一体感をもちながら遠隔での作品作りをすることができました。

写真1　オンライン授業画面

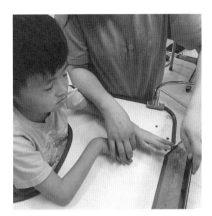

写真2　教室内で活動に参加する児童

## （2）中学部：「フェイスシールドを寄付しよう」

　中学部では、総合的な学習の時間において、フェイスシールドの作成をし、地域に寄付をしました。フェイスシールド作成は学校で行うだけでなく、授業を家庭とZoomでつなぎ、材料をあらかじめご家庭に送付し、感染症対策等で学校に登校できない生徒も参加できるようにしました。

　作成したフェイスシールドは、地域の商店街や図書館、施設、医師会、看護協会等に寄付しました。寄付をする際、寄付現場と学校、家庭をZoomでつなげ、中継を行いました。自分たちで作ったフェイスシールドが実際に様々な方の手に渡る姿を見て、相手の方から感謝の言葉をいただきました。自分たちが行ったことが地域に還元されていることを直に感じることができた瞬間になりました。

写真3　オンライン授業の様子（タブレット）

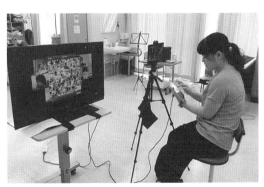

写真4　オンライン接続の様子（教室）

第2部　実践編　オンライン学習

## ④ 成果と課題

### （1）オンライン授業ならではの授業展開

　小学部の実践では、オンライン授業ならではの作品作りを行うことができました。オンラインで絵を描くことで、全員のデザインが瞬時に作品に反映され、手直ししたい部分もすぐに修正することができました。オンラインで行うことで、感染症対策等で家庭にいる児童も、登校している児童も同様の条件のもと作品を完成させることができました。このように、オンライン授業が対面授業の代替ではなく、「オンラインだからこそできる授業」として実践を行うことができました。

### （2）交流に伴う「課題」の克服

　中学部の実践を行うことで、様々な制約があり登校頻度が少ない児童生徒も、毎日登校している児童生徒と同質の地域交流が実現できました。従来は家庭から学校、学校から交流先と、様々な課題を乗り越えてはじめて交流を行うことができました。しかし、家庭と学校、交流先の３カ所で通信することで、児童生徒の体調面や各ご家庭の事情を考慮したうえで、児童生徒に合った参加が可能になりました。家庭から、学校から、直接など状況に応じて柔軟な地域交流＜交流のバリアフリー化＞を実現することができました。

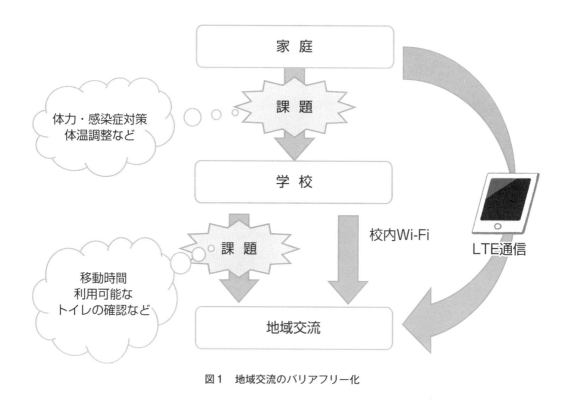

**図1　地域交流のバリアフリー化**

### （3）保護者の協力

　肢体不自由の児童生徒がオンライン授業に参加する上で、保護者の協力は必要不可欠です。タブレット端末等の通信機器操作やカメラアングルの調整、児童生徒のポジショニングの調整、教員と児童生徒のコミュニケーションの仲介など、保護者の全面的な協力があるからこそ、オンライン授業を実施することができました。保護者と協力していく中で、教員とリアルタイムで児童生徒の成長を共に見守ることができるのは、オンライン授業の大きな成果であると感じました。一方で、保護者の時間的な拘束や、兄弟姉妹との兼ね合いなど、家庭にかかる負担をどのように軽減していくかが今後の課題です。

### （4）端末の操作に関して

　教員や保護者が機器操作に慣れるまで、一定の時間を要することが多いので、事前の研修を丁寧に実施することが必要でした。遠隔通信時は、授業者の音量に注意する必要があり、声や音が小さすぎると他者に聞こえづらく、大きすぎると音割れを起こすことがありました。機器のマイク位置や音量に関して事前に確認をすることが必要でした。

## 5　まとめ

　タブレット端末の貸与とWeb会議システムの利用を同時に行うことで、様々な制約のもと学校に登校することが難しい児童生徒も、毎日学校に登校している児童生徒もそれぞれが最適な形で授業に参加することができました。教室で行う授業にとどまらず、地域交流といった外部の方との交流など、活用の幅は非常に広く、今後のインクルーシブ教育システム構築に多大な寄与をするであろうことが実感できました。ICT活用に教員がより関心をもち、実践を積み重ねていくことで、従来の枠組みを超えて、児童生徒の経験を飛躍的に拡大することができるのではないでしょうか。

**コメント**

　　同時双方向型のオンライン授業においては、人と関わりながら学ぶことが少なくなる中、図画工作の授業において、児童や教師が積極的に関わる工夫など参考になる事例です。また、コロナ禍におけるオンラインでの交流及び共同学習の実践は貴重です。これまでの成果と課題を踏まえ、新たな展開を期待しています。

（菅野　和彦）

第2部　実践編｜オンライン学習

|高等部｜自立活動・特別活動

# 10 施設と学校をつなぐ、タブレットPCでの交流実践

## 人と関わる場を広げ、自己表現力を伸ばすために

新潟県立はまぐみ特別支援学校　教諭　鈴木　朋子

Keywords ①施設訪問教育　②集団活動　③タブレットPC　④コミュニケーション

 概要

　実践を紹介する対象生徒Aは高等部3年生で、病院内の施設訪問教育学級に在籍しています。ここでは感染症対策が徹底されており、新型コロナウイルスに限らず、感染症が流行すると教師と1対1の個別指導が中心となります。このような状況下で個別指導のみになった今、児童生徒にどのようにしていろいろな人との関わりをつくり出すかを考え、実践をした報告です。

**表1　生徒Aの実態**

| 学年・生育歴 | 高等部3年。小学部入学時は自宅から学校に通学。中学部3年から施設に入所。 |
|---|---|
| 日常生活の様子 | 人工呼吸器を常時装着。授業時間（約80分）は自発呼吸で車椅子に乗って授業を受ける。四肢まひがあり、生活全般において全介助が必要。 |
| コミュニケーションの方法 | 言葉掛けに対し、まばたきで「はい」や「こうしたい」という肯定的な意思を伝える。否定的な意思は、視線をそらす、上目遣いをする、悲しそうな表情をするなどして伝える。 |

## 2 授業のポイント

### （1）いろいろな人と関わる場を広げる、タブレットPCを使った交流

　これまで、タブレットPCは教具の一つとして、動画や音楽を見たり聴いたり、写真の提示で見通しをもったりするという目的で活用してきました。また、集団活動ではタブレットPCを操作して自分の思い出などを発表し合いました。しかし感染症対策で個別授業が主になり、生徒同士の関わり合いは難しくなりました。そこで、施設内の生徒が同じ授業時間にタブレットPCをつなぎ、ビデオ会議システムで交流をしました。この活動を発展的に広げ、学校にいる友達や教師とも交流を重ねました。

### （2）コミュニケーション発達の面から卒業後の姿へつなげる視点

　生徒Aは卒業が迫っており、卒業後の生活がより豊かなものになるよう、生活の中心になる療育活動を見据えた指導計画を考える必要がありました。院内の療育活動は4人（部

屋人数）や、30 人程度（集団）で行われています。卒業までに学校生活の中でいろいろな人との関わりをもち、その中で自分の気持ちを表現する力を付けることが大切だと考えました。

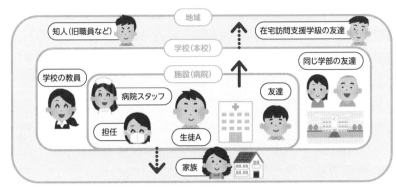

**図1　生徒Aの人と関わる場の広がり**

## ③ 実践

### （1）施設訪問教育学級生徒との交流

#### ① 「朝の会」（日常生活の指導）での交流

　初めての交流は、生徒 A と同じく施設訪問教育学級に在籍するの高等部の生徒（友達）と「朝の会」を行いました。生徒 A ははじめ、タブレット PC の画面越しに友達や教師の顔が見えたり、声が聞こえたりすると、視線を向けていましたが、相手の問い掛けに対して返事としてのまばたきはあまり見られませんでした。しかし２回目の交流では、相手の問い掛けにまばたきを多く行い、意欲的に返事をしていました。

　交流終了後、教師が生徒 A に「また一緒に朝の会をしますか」と問い掛けると、毎回「はい」とまばたきで返事をしました。この「朝の会」での交流は定期的に継続して行っています。

#### ② 「七夕会」（特別活動）での交流

　同じく、施設訪問教育学級の高等部生徒同士で「七夕会」を実施しました。季節を感じる行事として、療育活動でも行われています。ここでは「友達と・同時に・同じ活動をする」ことを重視しました。例えば笹に飾りを付けることは個々で行いますが、その活動を同時に行い、出来上がったら見せ合いました。「たなばたさま」の楽器演奏は両者で１回ずつ、２回行いました。この理由は、同時に演奏すると、

**写真1　七夕会で笹飾りを見せ合う様子**

曲の聞こえに時間差ができ、相手がずれているように聞こえてしまうからです。生徒 A はタブレット PC の画面に注目しながら相手の教師と生徒の演奏をじっくりと聞いていま

した。相手のいる場は違うところですが、同じ演奏をすることで、共に活動していることへの理解が深まったようでした。

## （2）学校にいる教員（旧担任）との交流

「かだい」（自立活動）で、生徒Aと学校にいる教員（旧担任）とビデオ会議システムで交流する時間を設定しました。相手は旧担任だったため、スムーズにやりとりできると思われましたが、交流が始まると画面から視線を外し、しばらく上目遣いをして、考えている様子でした。そこで担任が「○○先生（旧担任）は、学校にいるのだよ」と言うと、視線をタブレットPCに戻しました。その後、画面の旧担任の言葉掛けにまばたきで返事をしていました。この様子から、生徒Aは「旧担任は学校にいて、自分のいる病院にはいない。学校から画面越しに自分に話をしているようだ」と理解したようでした。

## （3）学校にいる高等部生徒との交流

高等部の「朝の会」（日常生活の指導）にビデオ会議システムで参加をしました。高等部教室では複数の生徒がいるため、どの生徒にも見やすくなるようにプロジェクターで生徒Aの様子を大きく映しました。

「朝の会」が始まり、生徒Aはいつもと状況が違うことにタブレットPCから目をそらすなど、戸惑いが見られました。しかし担任の説明を聞いたり、タブレットPCから聞こえる学校にいる教師（MT）からの言葉掛けを聞いたりする中で、徐々に画面の方に視線を向けました。

MTが呼名をしたときのことです。1回目の呼名では、返事としてのまばたきは出ませんでした。MTがカメラの方を向いていなかったため、自分が呼ばれたと分からなかったようでした。再度カメラの方を向いて呼名をすると、返事であるまばたきをしました。教師はまばたきをしたことを認め、「返事をしたのが分かりましたよ」と反応を返しました。

## ④ 授業の成果と課題

### （1）成果

生徒Aはビデオ会議システムに早い段階から興味をもちました。授業の中でタブレットPCに視線を向けている様子が見られ、担任が「また友達とお話したいのかな」と問い掛けるとまばたきで応えました。交流をしているときは、問い掛けに対する返事だけでなく、「そうですね」と相づちを打つように表現方法であるまばたきを頻繁にして、普段関わる機会の少ない友達や教師との交流を楽しんでいる様子が見られました。そして交流を重ねるごとに、意思を表示することが増えてきました。

このことから、人と関わることが好きな生徒Aにとって、タブレットPCを用いた交流は、いろいろな人との関わりの幅を広げ、自己表現力を伸ばすことに有効であったといえます。

また、多くの教師と関わる中で、生徒Aの言語理解の度合いを探ることができました。

様々な働き掛けを受ける生徒 A の様子から、言葉の理解度を推測し、理解が難しそうな場合は身近な教師が補足をすることで、新たな学びの機会になりました。理解できる言葉が増えることで、卒業後、病院スタッフ等との会話も充実していくと考えます。

**（2）課題**

　施設訪問教育学級と学校の高等部は校時表が違うため、交流する時間をお互いが無理のないように調整する必要があります。今後は、「作業」（各教科等を合わせた指導）の時間に合わせ、互いに頑張っている姿を見ながら活動をすることも考えています。あえて「つなぐだけ」にし、同時に活動することで、生徒のモチベーションの向上につながるのではないでしょうか。

　また、今後はさらに交流の対象を広げ、在宅訪問教育学級の児童生徒とも交流したいと考えています。ただし、接続先が個人宅になるため、プライバシーやセキュリティ面も考慮して実施する必要があります。

**5　まとめ**

　施設訪問教育学級の児童生徒は、体調等の理由で頻繁に登校することが難しい現状があります。しかし本実践から、ビデオ会議システムでの交流は、いろいろな人との関わりを生むだけでなく、それを広げたり深めたりする有効な活動だったと考えます。今回は卒業を控えている高等部生徒 A の実践を紹介しましたが、この実践で、人と関わろうとする意欲や力の深まりが見られるようになりました。それらをもとにして環境を整えていくことで、将来的には図 1 に表したように、最も身近な家族とのやりとりといったことにも範囲を広げられるかもしれません。そして、この実践をもとに施設訪問教育学級の他学部の児童生徒の交流活動も活発にしていきたいと考えています。

　感染症対策で先が見通せない中ですが、ICT 機器の活用を用いて、今までの学習よりも一歩進んだ授業を行えるように、今後も様々な実践に取り組みたいです。

　また、本実践は、児童生徒の生活している病院施設の協力のもとに成り立ったものです。今後とも病院のスタッフの方々と連携を密に、児童生徒が充実した学校生活を送れるよう努力していきたいです。

**コメント**

　　コロナ禍における施設等訪問教育の実施においては、施設等への感染拡大の防止などの観点から、苦慮した学校が多くあった中、ビデオ会議システムを活用して「今ある環境下で、できることから始める」という取組は重要なことです。実践報告においても、遠隔システムにおいて工夫しなければならない点などが示されており、他校の参考となる事例です。

（菅野　和彦）

第 2 部　実践編　オンライン学習

# 「学びを止めない！」
# オンライン学習支援の取組

中学部理科、小学部「朝の会」を中心に

愛知県立ひいらぎ特別支援学校　教諭　小倉　友机

 ①動画配信「YouTube」　②インターネット会議システム「Zoom」　③学習評価

## 1 概要

　本校は、小学部42名、中学部27名、高等部38名が在籍しています。準ずる教育課程を学習する児童生徒は各学年に０～２名と少なく、昨年、他校とインターネットを利用した遠隔授業において共同学習を行うことで学習効果を高めた事例もありました。その経験を活かし、新型コロナウィルス感染症対策による長期の臨時休校をピンチではなく大きなチャンスと捉え、すべての教育課程を対象に動画配信サイト「YouTube」やインターネット会議システム「Zoom」を活用し、規則正しい生活習慣を維持しながら「子どもの学びを止めない」ために、オンラインによる学習支援に取り組んできました。そこで、本校が全校を挙げて取り組んできたことや、オンライン学習支援による成果及び課題等を紹介します。

## 2 オンラン学習支援の実際

### （1）オンライン学習支援を開始するにあたり

　一番の課題は、情報機器やインターネット環境です。今回の臨時休校の対応として、愛知県教育委員会より、在宅勤務や個人の情報端末からの接続を許可されたことで、全職員が取り組みやすい環境になりました。また、文化庁より臨時休校期間中の対応として、著作物の使用の緩和（授業目的公衆送信補償金制度の令和２年度の緊急的かつ特例的な運用）が認められたこともあり、幅広い内容を学習支援に取り入れることができました。

　教育情報部が早急に「アプリケーション「Zoom」の使用方法」や「YouTubeアカウントの作り方、動画作成・アップロード方法」のマニュアルを作成し、職員研修で実際に試すことができたことで、全職員が取り組める環境が整いました。

　保護者にオンライン学習の案内をし、Zoomの接続テストを行うことで各家庭のインターネットや情報機器の環境を確認しました。また、保護者との連絡用のメールアドレスを確認し、職員は休校期間に保護者と連絡ができるように、新規のメールアドレスを取得しました。

## （2）どれくらいの学習支援を実施するか

　表1は、1週間の学習の予定例です。児童生徒や保護者の負担を考慮し、午前2回、午後1回とすることが妥当でないかということで、1日当たり3単位時間分の学習支援

**表1　学習予定表の例（準ずる教育課程）**

| | 月 | 火 | 水 | 木 | 金 |
|---|---|---|---|---|---|
| 9:30〜 | 学級活動<br>（Zoom） | 数学<br>（Zoom） | 音楽<br>（Zoom） | 家庭科<br>（Zoom） | 数学<br>（プリント） |
| 11:00〜 | 国語<br>（Zoom） | 理科<br>（YouTube） | 美術<br>（YouTube） | 国語<br>（Zoom） | 理科<br>（Zoom） |
| 14:00〜 | 社会<br>（Zoom） | 英語<br>（プリント） | 保健体育<br>（Zoom） | 社会<br>（プリント） | 英語<br>（Zoom） |

を行うことにしました。動画を視聴するのか、Zoomによる双方向の学習をするか、課題学習を行うのかについては、すべての教育課程を対象に各学級や教科担任で検討しました。児童生徒の健康状態や生活の様子を確認し、生活リズムを整えるために各学級1週間に2回は、Zoomによる学習支援を取り入れることにしました。表2は、実際に作成した動画の本数とZoomで学習支援を行った回数です。

**表2　動画の本数とZoomの回数**

| | 動画作成<br>本数 | Zoomでの<br>学習回数 |
|---|---|---|
| 小学部 | 102 | 222 |
| 中学部 | 79 | 190 |
| 高等部 | 131 | 88 |
| 訪問教育 | 8 | 9 |
| その他 | 20 | 0 |
| 合　計 | 340 | 509 |

## （3）動画を視聴するために

　動画視聴のためにYouTubeのURLを表3のようにカテゴリーごとに分けて、一斉メール配信をしました。

　学校のホームページへアクセスすることよりも、メールで直接届いたものからURLをタップして動画視聴する方が手軽に視聴できると考え、その方法を採択

**表3　作成した動画の配信例**

| えほん | ねないこだれだ | https://youtu.be/ |
|---|---|---|
| えほん | パンダともだちたいそう | https://youtu.be/ |
| えほん | よっつのボタン | https://youtu.be/ |
| えほん | 「パパ・カレー」読み聞かせ | https://youtu.be/ |
| えほん | 絵本「たなばたまつり」 | https://youtu.be/ |
| えほん | でんしゃで　いこう、でんしゃで　かえろう | https://youtu.be/ |
| ことばかず | 形・図形の学習 | https://youtu.be/ |
| ことばかず | 算数・数学　くらべてみよう | https://youtu.be/ |
| ことばかず | 数学・時刻 | https://youtu.be/ |
| ことばかず | とけいのべんきょう | https://youtu.be/ |
| 生活・理科 | いきものクイズ | https://youtu.be/ |
| うんどう | オリジナルパプリカダンス | https://youtu.be/ |

しました。新しく作成した動画のURLを追加しメールを配信することで、児童生徒が過去のものも視聴できるようにしました。また、職員にもメール配信することで、他の職員がどのような動画を作成しているかを知ることもできました。

# ③ オンライン学習支援の実践

## （1）事例①：「理科の授業実践」

　事例①では、中学部2年生の理科の授業について紹介します。生徒は準ずる教育課程を学ぶ中学部2年生の2名であり、2人とも学習意欲があり、授業には積極的に取り組む様子が見られます。昨年度末の臨時休校の影響で、各教科の一部が未履修のため、残りの単元から進めることになりました。「地震と大地の変化」と「大地の歴史と地層」

写真1　作成した動画の一例

第2部　実践編　オンライン学習

の単元について、プレゼンテーションソフトの「スライドショーの記録」機能を使った動画（写真1）やZoomでの双方向の学習支援（写真2）を行いました。各単元のYouTube動画を視聴した後、Zoomでの学習支援時に生徒から質問を受ける形式をとりました。生徒も職員もZoomでの学習に慣れてくると、通常の授業展開に近い形式でやりとりができるようになっていきました。学校再開後、生徒にオン

写真2　タブレット端末1台をZoomで接続し、もう1台で質問事項について動画を使って再度説明している様子

ライン学習について感想を聞いてみると「友達と一緒に勉強ができて良かった」「自分のペースで勉強できて良かった」などの意見がありました。また、学習評価については、授業再開後の定期考査において、前年度と同程度の学習効果を得られました。

## （2）事例②：「自立活動（朝の会）の授業実践」

　事例②では、小学部4・5年生の自立活動「朝の会」の授業について紹介します。児童は自立活動を中心にした教育課程（以下、教育課程C）を学習する4・5年生6名で、医療的ケアを必要とする児童もおり、健康面に配慮しながら学校生活を送っています。学習面では、様々な活動への意欲が高い児童たちですが、身体面では思うように動かすことが難しい児童もいます。しかし、人との関わりを好み、返事や挨拶などを声や視線、表情の変化、スイッチ等それぞれの方法でコミュニケーションをとることができます。

　オンライン学習での主な取組として、「朝の会」（写真3）で使用する朝の歌の動画や、自立活動「みんなのじかん（おはなし）」で使用する歌や絵本の読み聞かせ等の動画を作成し、視聴できるようにしました。それらの動画を視聴したうえで、Zoomによる「朝の会」を実施しました。「朝の会」は、今日の予定や出席確認、朝の歌、日付・曜日調べ、今日の活動の学習に取り組みました。出席確認では、最初の頃は、教師の言葉が聞こえると、どこから聞こえるか探している様子が見られましたが、次第に画面に注目したり、目を見開いたり、声で応えたりすることができるようになりました。この様子から、児童が学校での授業と同じ受け応えができ、それぞれの方法で「返事」ができたと考えられます。また、今年度より初めて関わる教員とのやりとりも、はじめは「誰だろう？」というような表情でしたが、繰り返し行うことで徐々に慣れてきて、学校再開後に戸惑うことなく、コミュニケーションをとることができました。

写真3　朝の会での今日の予定や出席確認の様子

## ④　学習支援の成果と課題

　インターネットを利用した学習支援について、準ずる教育課程や各教科等を合わせた指導を取り入れた教育課程を学ぶ児童生徒にとっては、YouTube動画の視聴やZoomによる双方向のやりとりが有効であろうと考えて開始しました。実際に、それらの児童生徒については、Zoomでのやりとりは有効であり、また、学習評価についても、昨年度までと同程度の評価になるなど、オンライン学習による学習の効果を得ることができました。一方、自立活動を中心にした教育課程を学ぶ児童生徒にとっては、その障害の程度から、当初画面上での学習支援に難しさがあると考えていました。ところが、児童生徒は教師の問いかけに、画面越しに教師の顔を見つめたり、声に応えたりするなど、教室で行う授業同様の反応が見られました。インターネット経由ではありましたが、初めて会う教師とも関わることができ、また、絵本の読み聞かせや歌など視聴した動画を覚えていて、良い表情や反応が見られました。そして、このことが６月からのスムーズな学校再開につながりました。とはいえ、臨時休校期間中、全員に公平にすべての学習支援ができたわけではありません。やはり、学校や家庭を含めてICT機器やWi-Fi環境などの環境が整備される必要があります。また、保護者の協力がなければ、オンライン学習を実際に進めることは難しいと感じました。今後、オンライン学習でも可能な学習と学校でしか学べない学習を整理し、学習計画を立てる必要があることも分かりました。

## ⑤　まとめ

　本実践を通して、学校で教師と子どもたちが直接関わることのありがたさ、大切さを実感しました。たとえ何らかの理由により学校での学習が困難になろうとも「子どもの学びを止めない」オンライン学習支援は、肢体不自由特別支援学校の児童生徒においても十分に成果があがることが今回の取組で分かりました。今回の実践をもとに、オンラインを活用した新しい取組として、Zoomでのオンライン施設見学会（職業科）や交流及び共同学習（総合的な学習の時間・探究）、学年集会、YouTube視聴による進路説明会（保護者対象）、全校研修（新学習指導要領について）等の実践を展開しています。今回の経験を活かし、学校、保護者が一体となり、児童生徒のより効果的な学びのために様々なことにチャレンジしていきたいと考えています。

### コメント

　本実践では、危機的状況をチャンスと捉えた全校の取組により、障害の重い子供にとっても、オンライン学習が想定以上の効果のあることが見いだされています。また、児童生徒の障害の程度や教科の違いにかかわらず、動画視聴と双方向のやりとりを併用することの有効性が示されている点がたいへん参考になります。

（下山　直人）

｜高等部｜全教科

# 12 ICT機器を活用した 学習スタイルの提案

"やってみたい" という意欲を育む

滋賀県立草津養護学校　教諭　早川　武志

 Keywords │ ①各教科における ICT 機器の利用

## 1 概要

　本校で高等学校に準ずる教育課程を履修している肢体不自由のある生徒1名（以下、生徒A）のICT機器を活用した授業実践について報告します。生徒Aは、姿勢保持力が弱く、座位での学習が限定的であり、ほとんどの授業を側臥位（写真1・2）で受けています。短時間の座位保持姿勢では、肘をついた状態で筆記が可能ですが、側臥位では、ほとんど筆記ができません。さらに、医療的ケアが必要で、呼吸器を使用しながら授業を受けることもよくあります。そのようなときには、発声が明瞭ではなく、生徒Aとの意思疎通は、頷きやわずかな発声で行っています。

　このような実態の生徒にとって、「話す」「書く」「触れる」など、自発的に表出するという行動機会は少なくなり、「聞く」「見る」といった受動的な姿勢に偏ってしまうことが多くなりがちです。

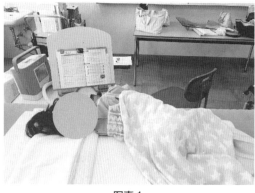
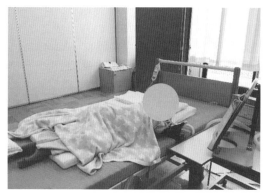

写真1　　　　　　　　　　　　　　　　　写真2

　ICT機器を活用した学習スタイルの提案では、ICT機器を活用することで自らの思いを積極的に発信し、自発的に行動意欲が高まる機会を保障し、"やってみたい" と自ら行動に移すことができる意欲を育みたいと考えます。このような視点で学習を進めるうえでの教材や環境・設備について工夫した部分について焦点を当てて提案したいと思います。

## ② 実践（機器の紹介）

### （1）スマートフォン　アプリ機能「MediBang」

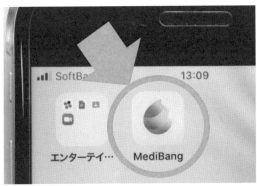

写真3　　　　　　　　　　　　　　　　　　写真4

第2部　実践編　オンライン学習

　生徒Aは、学習中は側臥位で過ごすため、筆記が必要な場面では、写真3・4のアプリ機能「MediBang」を使用しています。このアプリを使い問題用紙（解答用紙）を撮影すると、スマートフォン等の画面上で自らタッチパッドで電子媒体にデータを入力することができます。

　多くの教科において、この方法なら、筆記課題に対して"じっくり自分のペースで""自分の考えを文章で表現する"ことができるようになりました。また、自習課題や家庭での自主的な学習にも利用することができるので、身体への負担が少ない中で、"やってみよう"と学習への意欲につながるツールとなりました。

　操作するスマートフォンの隣に紙媒体の問題用紙や解答用紙を提示し、全体を把握しながら、上記のアプリを使って入力していくという環境設定も大切です。

　また、側臥位であると空間の把握が難しいと生徒Aが訴えることから、数学など「図形」を扱うような学習には向いていないと考えられます。

### （2）Windows簡単操作→「スクリーンキーボード」機能と特殊マウス

　「スクリーンキーボード」機能はWindowsのパソコンに入っている機能です。写真5

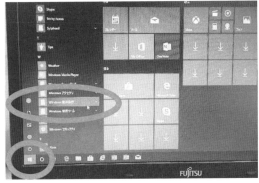

写真5　　　　　　　　　　　　　　　　　　写真6

**写真７**

のように、左下のアイコンから「Windows 簡単操作」→「スクリーンキーボード」（写真６）をクリックすると、写真７のパソコン画面のように画面内にキーボードが表示されます。同じく写真７の下にある特殊なマウスと併せて使用することで、パソコンの入力操作での記入も可能になりました。「情報」の授業やレポートの作成、「国語」での詩の作成などで生徒Ａも積極的に使用しています。

### （3）Zoom ～コロナ感染対策期間中における遠隔授業～

　新型コロナ感染予防による休業期間中（４・５月）の学習保障としてプリント課題と併せて実施しました。

　年度初めの時期で各教科の担当の中には、対象生徒と顔を合わせたことのない教師も何人かおり、手探りの状態で実態を十分につかみきれていない中での実施でした。各教科でどの部分で活用していくか、何のために行っていくか検討した結果、３つの点を目的に実施することになりました。

### ①　プリント課題の補足説明

　教科書とプリントを見ながら問題を解いていくとき、必ず分からない問題があり、その箇所を、分からないままにしておくことは相当なストレスがあると生徒Ａからの訴えがありました。教師がプリントを渡して生徒Ａの自主学習に任せるだけでなく、解き方や考え方のポイントや補足の説明をデータとして事前に入力したり、採点した後に、できていない箇所についてリアルタイムで補足説明をしたりするようにしました。それにより、生徒Ａが、その場で問題を解決してストレスの軽減を図ることで、より取り組みやすくなりました。

### ②　PowerPointを使った視覚的に分かりやすい授業の保障

　Zoomはビデオ電話の機能だけでなく、パソコンで作成した資料も併せて提示しながらコミュニケーションをとることができます。「世界史」や「地理」の授業などではPowerPointで作成した教材を使い、地図や歴史上の人物の写真などを提示して授業を行うことで、より興味や関心を高めることができました。

### ③　コミュニケーション機会の保障

　感染症予防による外出自粛が続く中、「話す」「聞く」といったコミュニケーション機会が著しく減っていると考え、担任を中心に近況報告や新たに出会う教科担当の紹介などをしながら、楽しく触れ合う場を設定しました。

　生徒Ａにとっては、はじめての「Zoom」の利用で、「新しい先生との自己紹介や担任との会話ができてホッとした。」「今後の進学先でも利用するかもしれないからよい経験に

なった。」と、よい機会となったようです。一方で「やっぱり対面の方がいい。」「音声が途切れて、会話がぎこちなくて困った。」などの感想も聞かれました。

## ③ まとめ

　生徒Aは、日常的に医療的ケア（呼吸器）が必要であり、肢体不自由を有するため、身体の動きが限定的になってしまうことが多いです。肢体不自由のある生徒にとっては、「話す」「書く」「触れる」などの自発的な行動機会が少なくなり、どうしても「聞く」「見る」といった受身的な学習に偏ってしまいがちです。このような生徒たちの学習意欲を高め、自分の意思を表現する機会を保障するために、ICTの機器は有効であると考えます。

　「（1）スマートフォン アプリ機能「MediBang」」は、「書く」という動作への補助となり、「（2）『スクリーンキーボード』機能と特殊マウス」は、「書く」ことに加えてパソコンを使ってより広い範囲での表現が可能になりました。また「（3）Zoom」では、感染症対策の下にあっても、人と「話す」ことができるようになりました。どれも、身体的な理由によって行動が制限されることへの補助ツールとして有効でした。

　本校では、「話す」「聞く」といった主体的なコミュニケーションがとても重要であると考えています。そこで、自発的に行動する機会を保障し、"やってみたい"と自ら行動に移すことができる原動力の育成の観点から、ICT機器の活用によって可能性が高まる生徒も多いと考えます。また、障害のある生徒たちにとっても、ICT機器を活用していくことで"じっくり自分のペースで""必要な支援で"というこれからの社会において必要な自立に向けた取組としてたいへん重要なツールとなってくると考えます。

### コメント

　姿勢保持に困難があり医療的ケアを必要とする、準ずる教育課程で学ぶ生徒に対し、コンピュータ等を有効に活用した参考となる事例です。また、コロナ禍における遠隔授業において、各教科のどの指導内容で活用するのか、何のために行うのかを検討しながら実践したことは、授業づくりにおける重要な要素であることを示唆しています。

（菅野　和彦）

|高等部|訪問教育

# テレプレゼンスロボットを活用した訪問教育

## つながる家庭と学校

京都府立向日が丘支援学校　教諭　髙橋　真吾

Keywords ①遠隔通信授業　②訪問教育　③主体的な学び　④コミュニケーション

## ① 概要

　本事例は特別支援学校で訪問教育生として在籍する生徒に対して、iPadとテレプレゼンスロボット「kubi」を使って学校と自宅をつないで、遠隔通信授業を行った実践です。「kubi」がもつ特色の一つであるアバター（分身）機能を使うことにより、訪問生が自宅から学校の友達や教員とコミュニケーションをとり、授業に今までよりも主体的に関わっていくことができました。さらに、学校の教室にいる生徒たちも、これまでスクーリングのときや校外活動のときにしか出会うことができなかった訪問生を同じクラスメイトとして、以前よりも意識することができるようになりました。また、訪問教育の課題であった教員と生徒の一対一の指導に対して、「一対多」である教室での教育形態に近づけることができました。そして自分が見たい場所や、友達の顔、友達の発表などの場面をリアルタイムで見聞きすることから主体的に授業に参加することができるようになりました。さらに「kubi」を車椅子に設置し、校内どこでも自由に動き回ることで様々な人とコミュニケーションをとることができるようにしました。これらの機器の活用は今後、訪問教育のみならず様々な場面で応用し活用することが可能であると考えます。

## ② 授業のポイント

①使用機材（図1、写真1・2参照）　iPad×2台（iPadOSアプリケーション「AVATOR Robot for ZOOM」）　「kubi」　モバイルWi-Fi　車椅子　「kubi」固定具
②リアルタイムでの授業への参加
　学校に登校できなくても友達や教員とのコミュニケーションをとることができる。
③訪問教育の教員と生徒の一対一のやりとりから、「一対多」の教育環境への変化
④iPadの画面に映る視野を遠隔操作で自由にコントロールできる「kubi」の機能で主体的に授業に参加することができる。
⑤「kubi」を車椅子に固定して使うことで、校内や校外を自由に散策することができ、

学校行事や校外学習等の参加を可能にする。

図1　機器構成

写真1　A君自宅での機器構成

写真2　学校の機器構成

## ③ 実践

### （1）対象訪問生徒について

　特別支援学校、高等部3年生に在籍するA君は知的障害、肢体不自由、病弱を併せ有する重度重複障害の生徒で、気管切開部・口腔内の痰吸引、胃ろう注入などをはじめ、常時医療的ケアが必要です。学校への通学は困難なため週に4回訪問教育を行っています。運動機能は、仰臥位もしくは側臥位を維持する必要があり、姿勢変換も含め、すべてにおいて介助が必要です。聴覚機能は、人の話し声や環境音、聞き慣れた人物の声を記憶していて、それらを聞き分けることができます。知的には乳児期後半であり、声をかけると目の見開きや、口の動きを変化させて答えることができます。

　訪問生は学校内において母体学級となる一つのクラスに在籍しています。そのクラスは4名全員が肢体不自由、知的障害の重複障害のある生徒の学級です。今回の実践である遠隔通信授業はこの母体学級と訪問生の自宅とで行いました。

　訪問教育は、通常、教員と訪問生の一対一の自宅での指導です。そして、訪問生が学校内で在籍する母体学級の生徒との関わりは、毎月1回行われるスクーリングや、学期に1回行われる校外活動時などに限られています。しかし、計画的にスクーリングが行われるとは限らず、体調や季節、風邪やウイルスの流行に大きく左右されます。学校に通い学習を行う生徒が、授業時間内はもちろん、休み時間や教室の移動時間に友達や先生と顔を合わせて自由にコミュニケーションをとりながら学習できるのに対して、訪問生徒が学校に通学する生徒とコミュニケーションをとることができるのは、タブレット端末などでお互いがメッセージなどを録画し合い、それらを教員が自宅や学校で提示することにとどまっていました。これらのことは、本校だけでなく、全国の訪問教育や病院の病棟内で授業を行う院内学級などにおいても同じように課題としてあげられるのではないでしょうか。

　今回の実践は、訪問教育におけるこれらの課題を改善できるきっかけとなると考えています。

## （2）音楽の授業での実践

　学校の音楽の授業に「kubi」を使って参加しました。iPadに映し出される授業の賑やかな楽しい雰囲気を感じ取るとともに、学校で学習する生徒や教員からの、「A君待ってたよ！」などの呼びかけに対して、A君の表情の表出もいつも以上に豊かに見られました。

　音楽の授業内容は手話歌と手話歌の個人発表、音楽に合わせて動いたり止まったりするリトミックでした。気管切開により声を出すことができないA君は、訪問担当教員と一緒に手話歌の曲をギターで演奏し参加しました。

　人差し指に力を入れてギターの弦を弾き、歌詞に合わせて口を一生懸命動かすiPadに映ったA君の姿を学校の音楽室で学習する生徒らは真剣な表情で見つめて聞いていました。そして、友達のその真剣な眼差しをA君もまたじっと見つめながら演奏を行いました。

　演奏が終わると教室側から「すごい！A君！歌ってた！」「感動した！」という声が聞こえてきました。今まで訪問担当教員しか知り得なかった訪問生の活動を、「kubi」を活用することにより、学校の教員や生徒も一緒にリアルタイムで共有することができました。そこには、家庭と学校の距離を飛び越え、一緒に今この瞬間の学びを共にしている姿と、その学びに対しての喜びを共有する姿がありました（写真3・4・5）。

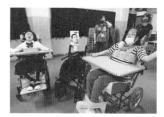

写真3　ギター演奏の発表　　　　写真4・5　音楽の授業の様子

## （3）週末のホームルームでの実践

　母体学級では、毎週金曜日のホームルームはその週に行った活動を振り返り、お互いの頑張りを認め合う取組をしています。この授業にA君は「kubi」を使って参加しました。学校の生徒たちは訪問生の授業の取組を聞いて、「A君は今日何を勉強したの？」や「こんどその作った作品見せて」など、クラスメイトとして訪問生を以前よりも意識した発言がみられるようになりました。また、A君の自宅から「kubi」のカメラの視野角度を遠隔操作して、発言している友達や教員の方向を自由に見ることができるようになりました。今までは、お互いが授業で作った作品なども写真をとって提示することしかできませんでしたが、お互いが作ったものを見せ合い、頑張ったところや感想を言うことがリアルタイ

写真6・7・8　ホームルームの授業の様子

ムでできるようになりました。そして何よりも、毎週この時間をA君自身が楽しみにしています。A君のベッドサイドで機材の準備をしているときから、生き生きとした表情に変わっていき、「友達に会いたい！」というA君の思いが表出された主体的な取組となっています（写真6・7・8）。

### （4）休み時間のコミュニケーションでの実践

学校での休み時間においても「kubi」を活用することで自宅にいながら、学校内での偶然の出会いのコミュニケーションを楽しむことができました。授業と授業の間の教室の移動時間に、偶然出会う友達や先生に「A君！久しぶり！」と呼びかけられることで、表情をキラキラ輝かせ、呼びかけにこたえることができました。

また、「kubi」を車椅子に固定して車椅子を押してもらうことで、自由に学校内を動き回ることができるようになりました。このことで、以前のクラスメイトや学部を超えた友達に会いに行き、コミュニケーションをとることができるようになり、学校にいる友達や教員にとっても、普段では会うことができない訪問生を意識することができる大切な機会となりました（写真9）。

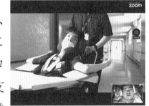

写真9　廊下で友達とコミュニケーション

## ④ まとめ

これらの実践を通して、訪問教育と母体学級との教育課程の違いから起きる時間割のずれの中で、できるだけ時間を共有した授業を行うためには、教育課程編成の段階で綿密な計画が必要となってくることが課題としてあげられます。

実践でも述べましたが、訪問生の自宅で遠隔通信授業の準備をしていると訪問生の表情が期待の表情へと変わるようになりました。また、保護者の方からは、授業はもちろん、家庭にいながら学校にいる友達と休み時間などにお互い顔を見ながらコミュニケーションをとれることがうれしいと言っていただきました。

今までの自宅での教員と訪問生の一対一という限られた空間での学習環境から解放され、様々な人とリアルタイムで相互にコミュニケーションをとることができることで、訪問生徒の「もっと会いたい」「一緒に勉強したい」という主体的な意欲を引き出すことが可能であると考えます。今後も訪問生と学校の主体的なつながりを大切にした、より効果的な活用、実践に取り組んでいきたいと考えています。

### コメント

　訪問教育生として学ぶ高等部生徒に対して、学校と自宅をつないで遠隔通信授業を行った実践です。授業における活用に留まらず、手軽に利用できるテレプレゼンスロボットの特性を生かして、休み時間にも活用して友達とのコミュニケーションを楽しむなど、生徒の意欲を高める取組が素晴らしい実践です。

（吉川　知夫）

| 小学部・中学部・高等部 | 自立活動

# 医療型障害児入所施設の児童生徒とのオンライン学習

## 自立活動を主とする教育課程

奈良県立奈良養護学校　教諭　辻　紀子

Keywords　①施設職員による支援　②情報共有

## 1 概要

　新型コロナウイルス感染症の影響で通学を見合わせることになった医療型障害児入所施設「東大寺福祉療育病院光明園」（以下、園）に籍を置く児童生徒について、園の協力を得て、7月からGoogle Meetを使ったオンライン学習が始まりました。ただし、本校職員は、感染予防のため施設内に入ることはできないため、児童生徒のそばで直接支援にあたるのは教員ではなく、園の職員ということになりました。また園の「オンライン学習の引率支援については、子どもたちの生活を豊かにするためにも、看護だけではなく教育の観点をもって子どもたちの可能性を引き出すことが大切であり、子どもたちの日常生活を支えるサポートに生かすことができる」との判断で、あえて看護師に限定されました。

　画面越しに授業をする教員と、実際に児童生徒のそばで支援する看護師という環境下での授業づくり、また対象児童生徒のうち多くが「自立活動を主とする教育課程」であり、画面越しの教員を認識できるのか、授業が成り立つのか等々、不安をかかえながらのスタートとなりました。その中で、どのように授業づくりの視点をもっていったかを紹介します。

## 2 授業のポイント

### （1）「自立活動を主とする教育課程」で学ぶ児童生徒とのオンライン学習

　自立活動の授業は、本来、教員が姿勢や動きを整えたり、誘導したりするなど、直接身体に触れて行うことが多いため、オンライン学習では、課題の設定に難しさがありました。また、そもそも画面越しの教員をどのように捉えているのか、児童生徒たちが教員が想定したような動きや表情を出さなかったときに、画面越しにどう指導していくのかなど授業を考える上で多くの悩みがでてきました。そこで、基本的には学校でよく活用していた教材を園に渡し、画面越しに教員が言葉をかけながら、看護師とのやりとりを行ってもらいました。画面越しの教員とのやりとりが成立しているのではなく、そばにいる看護師が児童生徒に直接働きかけることでやりとりが成立していると考え、これまで確かにできてい

た、好きな教材などを介してできるシンプルで分かりやすい活動を設定するようにしました。

## （2）ハード面

　園側が一室を準備し、学校がiPadと大型テレビでオンラインでの学習環境を整えました。大型テレビは教員の顔が大きく威圧感を与えることがある、視線が上がりにくいのでiPadの方が見やすい等々、児童生徒によって適した環境のあることが分かりました。

　Google Meetの特徴を知るため教員同士でテストを繰り返し、「同時に話すと、どちらか一方の声をひろって音声が途切れるため、話をしたいときは目立つ色のうちわを提示して合図を送る」「聞くときは声を出さず大きな動作でうなずく」「声が届くのに若干のタイムラグがあるのでそれを考慮して返事を待つ」「楽器の音などオンラインで聴くと、鳴らしている側と聴く側では、聴こえ方に違いがあることが分かったので、きれいに聞こえる楽器や音の選定をする」などの工夫を行いました。

## （3）教員と施設職員（看護師）の協働

　オンライン学習は、1人当たり週1回20～30分間実施しており、事前に簡単な略案が園に届くようになっています。看護師は、日ごろ子どもたちと接しているプロではありますが、授業の支援はもちろん初めてです。本来業務に加えての仕事になり、その点を考慮し、看護師も楽しいと思えること、負担にならないこと、「できたね」「楽しかったね」と看護師も共感でき子どもたちに伝えてもらえるような活動になるよう工夫しました。学習が行われる静かな個室で、看護師と1対1で関わってもらえる落ち着いた環境が良かったのか、学校と同じように、あるいはそれ以上によく手が動いたり、じっと見続けたりする様子も見られ一定の成果がありました。

## ③ 実践

## （1）対象児童の実態

　Aさんは現在小学部4年生で、園には3年生の12月に入園しました。前年度からの引き継ぎでAさんが得意で好きなことは、「鈴やタンブリンを左手で持ち、振ったり、右手で叩いたりして鳴らす」「主指導教員の動きや振れば光る教材などを追視する」「指先を使うこと」などでした。それを踏まえ、オンライン学習では「大型画面の変化への気付き」「歌やギターなど音への気付き」「手や指を使って教材を取る、探る」の3点に焦点を当て内容を考えました。

## （2）学習の様子、その後の園での様子

　初回の学習から、大型画面に映るもの（担任の顔）を注視する様子が見られ、画面を見ていないときでも、担任がギターの音を鳴らすと音に気付いて顔を上げる様子がありました。看護師もイメージしやすいよう「流れ星がやってきた」というテーマでの授業の展開にしました。振れば光るカプセル（黒いボードにマジックテープでついている）を看護師

に机上に置いてもらうと、すぐにボードをつかんだり、ボードからはがしてカプセルを取って目の前で見たりするなど、積極的に手と目を使って探索する様子が見られました。光るカプセルに興味を示していることは画面越しでも十分感じられたので、車いすのテーブルにゴムで取り付けられるようにして、園でも余暇の時間に使ってもらえるように工夫しました。また授業においては、さらに探索活動を引き出すため、箱の上部にゴム紐を何本も渡したものの中に光るカプセルを入れ提示してもらいました。すると箱の中に手を入れてカプセルを取り出そうと試行錯誤する様子が見られました。これらのAさんの活動が園や家庭での生活での余暇活動にもつながればと考えています。

　なお、看護師に渡した略案は以下のようなものです。

○目標
・音や光に気持ちを向けることができる。
・看護師が手を出したことに気付いて、手を合わせることができる。
・手先を動かして、振ったり、触ったり、取ったりすることができる。
○準備物
・台紙、カプセル4個
　紐付きボール（授業後、できれば園で使ってもらいたいです）
○学習に入る前の確認
・双方向のやりとりができているか、看護師・教員の名前、児童の体調。
　使用する教材。可能であれば、本児の左側に座ってください。

写真1　授業の様子①

写真2　授業の様子②

| 学習活動①　始まりの歌 | |
| --- | --- |
| 教員 | 看護師への依頼内容 |
| ・歌を歌う。『ピクニック』 | ・「ららら　○○○ちゃん」で本児と手を合わせてください。<br>・本児の動きが出るまで待ってください。 |

| 学習活動②　歌を聞こう。光るカプセルに気付いて探索してみよう。 | |
| --- | --- |
| 教員 | 看護師への依頼内容 |
| ・画面越しに光る教材を見せる。<br>・ギターの音を聴かせ、歌を歌う『キラキラ星』 | ・光っていることを本児に伝えてください。(気付いている場合は見守ってください)<br>・歌の後、本児の手元に、クリップで台紙と机をはさむようにして台紙を固定し、光るカプセルと光らないカプセルをのせて提示してください。<br>・活動の最後の方に、台紙などの教材を机上から片付け、紐付きボールを机にかけてください。 |

写真3　病棟側の様子
（画面越しの写真）

## ④ 授業の成果と課題

　授業に取り組み、教員同士で課題を共有し、改善する中で、自立活動を主とする教育課程のオンラインでの学習について、以下のような成果と課題が見えてきました。

・好きな教材を介して、そばにいる看護師が分かりやすく、支援しやすい活動を設定できると、オンラインでも子どもたちが「できた」という経験を積み、自己肯定感を育てることが可能になる。
・安全で車いすのテーブルに簡単につけ外しができ、児童生徒が積極的に手を伸ばす姿を見て「すごいね」「楽しいね」と看護師から共感を得た教材を園での生活の場に持ち帰り、自由な時間に使ってもらうことができた。日頃、おもちゃを手に持たせてもらうことは、目が届かないこともあったり、口に入れたりするなど危険なため難しいことが多かったが、学習以降、園の日常生活でもテーブルにつけてもらって遊べることがあり、生活の楽しみにつながっている。

また、園の看護師からも以下のような前向きな意見を聞いています。

・子どもたち一人ひとりが園ではない表情を見せたり、こんなふうに工夫すると興味をもってくれたりするのだと教えてもらうことができ、日々の生活に生かせることも多い。
・子どもたちにとって、オンライン学習の部屋に出かけて帰棟するまでは、一人の看護師とじっくりゆったり関わることができる貴重な時間。日々の園での生活の中で約３０分一人の看護師とじっくり二人で過ごす時間は、オンライン学習の機会以外ない。その中で、オンライン学習の教室に近づくだけで、子どもたちは笑顔になり豊かな表情を見せてくれている。子どもたちが、いかに学校を楽しみにしているかよく理解できる。学校は子どもたちにとって生活の一部であり、その大切な時間を補償することが自分たちの役割であることが分かった。

　課題としては、オンラインでの学習と学校での学習を比べることは有意義ではないですが、オンラインでどの程度新しい学習内容に取り組めるのかという難しさがあげられます。本校では、９月に２学期が始まってからも園とはオンライン学習が続いています。関わる教員で情報交換しながら、少しずつ新しい内容も取り入れられるように工夫していきたいと考えます。

## ⑤　まとめ

　今回の取組を通して、自立活動を主とする教育課程の児童生徒がインターネットを介して学習に触れる可能性を得ることができました。いち早く始まった園とのオンライン学習を参考に、通学を控えて家庭で過ごす児童生徒ともオンラインで学校と「朝の会」をしたり、Google Classroomを活用して、日常の教室の様子を動画で共有したりするなどし、コロナ禍の経験が、学校において発想の転換につながることがありました。園での生活でも子どもを取り巻く話題や関わりが広がり、通学できず園で暮らす児童生徒の豊かな生活の一助になることを願います。

> **コメント**
>
> 　本実践では、自立活動を主とする教育課程で学ぶ児童生徒のオンライン学習の可能性が見いだされていますが、同時に、教員と看護師の間で指導の意図やかかわり方を共有する方法が模索され、両者で成果を実感されている点が素晴らしいと思います。一時的な取組に終わらせず、何らかの形で継続することを期待します。
>
> （下山　直人）

| 教員研修 | 自立活動の専門性

# 15 オンライン研修の成果と課題

## 自立活動実践セミナー 2020 を通じて

筑波大学附属桐が丘特別支援学校　教諭　佐々木　高一

Keywords　①自立活動　②オンライン研修　③参加者アンケート

## 1 概要

　本校では、自立活動に関する教員研修の場として、自立活動実践セミナーを開催してきました。令和２年度は、新型コロナウイルス感染症対策として、従来の集合形式ではなく、オンライン形式で実施（令和２年８月29日開催）しました。本稿では、その取組の紹介と、自立活動の専門性向上におけるオンライン研修の可能性について言及します。

## 2 自立活動実践セミナーについて

　自立活動の指導は、個々の障害の状態に応じて一人一人に必要な指導を創造していくことに特徴があるものの、一方で、教師が一から指導を組み立て実践していく必要があり、心理的な不安感や負担感を生みやすいという側面を有しています。また、ベテラン教員の大量退職等により、先輩教員から若手教員への知識・技能の伝承をうまく図ることのできない状況や、指導の悩みや疑問を相談して解決することが難しいという状況が生じています。自立活動の専門性向上にむけた研修が求められています。そこで、本校では、全国の先生方が自立活動を学べる場として、毎夏、「自立活動実践セミナー」を開催しており、今年度で13回目となりました。近年では、肢体不自由特別支援学校だけでなく、知的障害特別支援学校、特別支援学級、通級による指導を担当する先生方の参加もあり、多様な学びの場において、自立活動の指導の充実が求められていることを実感しています。

## 3 オンライン開催にむけての準備

### （１）内容の検討

　例年の集合形式では、講義に加えて、演習や実技、公開授業の参観を伴って、自立活動の理解を深めていくことができます。しかし、オンライン形式では、講義を配信することが中心となります。全国的な自立活動への研修ニーズを踏まえつつ、講義のみでも理解を

深められる内容を検討する必要がありました。過去の自立活動実践セミナーや、肢体不自由教育実践研究協議会（例年2月に当校主催）での参加者アンケートを踏まえ、今年度は、「授業に生きる自立活動～指導の根拠を明確にした自立活動の指導を目指して～」をテーマとしました。学習指導要領の改訂において各教科等で育む資質・能力を明確にした教育活動の充実が示されたことを踏まえ、自立活動の指導が各教科等において育まれる資質・能力を支える役割を担っているという意義を確認し、自立活動でどのような力を育むのかを明確にした指導の重要性を学べるよう構成を考えていきました。

## （2）開催方法の検討

配信は、Web会議システムZoomのビデオウェビナー機能を使用することにしました。この機能では、主催者から配信される映像や音声を視聴する形となり、他の参加者から自分の映像や音声を見られたり聞かれたりすることがないため、プライバシーに配慮できたり、故意ないたずらを防いだりすることができます。

一方、ビデオウェビナー機能では、参加者同士でのグループディスカッションができないため、主催者側からの一方向の配信を長時間視聴する形となり、生じる疲れに対して配慮する必要がありました。そこで、写真や映像（児童生徒から掲載同意を得ているもの）を適宜取り入れる、質疑応答の時間を設ける（希望者には音声での質問ができるようにしたり、Q＆A機能により質問を受け付けたりする）等により、視聴者の集中力を継続できるよう工夫していくことにしました。

参加形態は、個人での参加だけでなく、2名以上での参加（1件の申込みから、プロジェクター等を使用したグループ・校内研修としての活用も可）も設定しました。

## （3）案内の発送

準備についても、校内教員間の"3密"を避ける必要から変更が求められました。開催案内の発送は、手作業による封入作業ではなく、全国の肢体不自由特別支援学校の代表のメールアドレスへ案内データを送信し、校内へ周知していただくようにしました。

## （4）参加申込対応

参加申込は本校HP上の専用フォーム（Googleフォーム）から行えるようにしました。フォームへの入力内容は校内の各教員のPC端末から確認することができるため、申込内容の確認や問い合わせ事項への回答等、必要に応じて係間で連携しながらも、対応はそれぞれのデスクで行うことができ、感染症対策に留意しながら準備を進められました。

## （5）参加者への資料の提供

感染症対策のため、資料についても手作業による印刷・綴じ込み・封入・発送作業は行わないようにしました。メーリングリストを作成し、Googleドライブ上に保存した資料へアクセスできるURLを参加者に送信して、各自でダウンロードしてもらいました。また、Zoom接続のためのID・パスワードに加えて、Zoomへの接続手順やビデオウェビナー機能の使い方についても配信し、参加者が安心して接続・参加できるように準備をしました。資料提供は当日の2日前に行い、事前に目を通してもらえるようにしました。

### （6）参加にあたっての約束事項

　資料の提供にあたって配信したURL、ID・パスワードやダウンロードした資料を参加者以外へ共有することおよび主催者から配信される映像や音声を、スマホ撮影やPCのスクリーンショット等により、録音・録画することは固く禁止することをお伝えしました。

## ④　当日の様子とセミナー後の対応

### （1）配信の様子

　配信は校内から行いました。校内のネットワーク環境が乱れると配信が途切れてしまうため、情報部の教員が、安定したネットワーク接続ができる環境を準備しました。写真は配信中の様子です。中央に発表者、手前が司会者、そして奥がホスト（音声や映像の配信・録画を調整する担当）です。ま

**配信中の様子**

た、別の部屋では、共同ホスト（参加者からの問い合わせ対応）を設定しました。

### （2）セミナー後の見逃し配信

　急用により当日視聴できなくなった場合、インターネットが乱れて見逃した場面があった場合、振り返り復習したい場合に活用いただけるよう、セミナー終了後に、見逃し配信用のURLとアクセスパスワードを配信しました。配信期間は2週間としました。

## ⑤　参加者のアンケート結果

　Zoomからの退出時に、アンケート入力フォーム（Googleフォーム）へ自動的にページ移動する設定を行い、Web上で回答を得ました（総参加申込件数188件のうち回答152件）。2名以上で参加の場合には、代表者にアンケートを記入してもらいました。

　参加者の地域は、北海道・東北地方13.2％、関東地方21.7％、中部地方25.7％、近畿地方14.5％、中国・四国地方11.2％、九州・沖縄地方13.9％でした。オンラインでの実施によって、「参加しやすくなった」が99.3％でした。2名以上で参加の場合には、当日何名で視聴したかを記入してもらいました。152件の回答から分かった当日の総視聴者数は477名でした。内容に関するアンケート結果（次頁、図）では、各講義で高い満足度を得ることができました。来年度もセミナーを実施する場合、「オンライン参加、直接参加どちらであっても参加したい」が30.3％、「オンライン参加であれば参加したい」が67.1％でした。

## ⑥　オンライン研修の成果と課題

　今回のオンライン形式では、一度に500名近くの先生方に視聴していただくことができました。オンライン形式により、移動にかかる費用と時間の負担がなく、インターネット

■講演「新学習指導要領における自立活動の指導の在り方」
菅野和彦氏（文部科学省初等中等教育局特別支援教育課特別支援教育調査官）
・学習指導要領「自立活動」改訂のポイントを解説するとともに、個別の指導計画の作成の流れや各教科と自立活動との関係を、具体例を交えて詳しく解説

【自由記述の一部】
文部科学省の最新のデータに基づき講演頂けたので、現在の状況が捉えやすく、課題意識も持ちやすかった。

■講座「授業に生きる自立活動の実践」

概要説明
佐々木高一（筑波大学附属桐が丘特別支援学校）
・自立活動を授業に生かすため、「困難さの背景にある要因を捉える」など7つのポイントを紹介

実践事例①（自立活動を主とした教育課程：小学部児童）
濱田律子（筑波大学附属桐が丘特別支援学校）
・「からだ・こころ・人とのかかわり・生活のようす」の4つの方向に、1年生になるまでの育ちを重ね合わせて、実態を整理して課題を捉え、発達初期の人間関係を育む実践を紹介

実践事例②（自立活動を主とした教育課程：小学部児童）
蛭田史子（筑波大学附属桐が丘特別支援学校）
・意識的な呼吸の育成を課題と捉えるとともに、言葉や歌うことなど、各教科との関連を明確にして行った実践を紹介

実践事例③（準ずる教育課程：小学部児童）
有井香織、高橋佳菜子（筑波大学附属桐が丘特別支援学校）
・落ち着きがない、漢字を書けないという困難さから、体と認知の基準づくりという課題を導き、自立活動の時間における指導と各教科を関連させ、学校の教育活動全体で指導した実践を紹介

【自由記述の一部】
子どもを見る目を養い、みんなで考える、みんなで指導することが子どもの成長につながるという実践で大変参考になった。

■まとめ「自立活動における課題の明確化」
下山直人（筑波大学教授・筑波大学附属桐が丘特別支援学校長）
・特別支援学校や特別支援学級の現状から、自立活動において指導すべき課題を明確にする必要性を指摘し、そのために見えている情報を整理することの重要性を指摘

【自由記述の一部】
「できない」「やらない」という見方から「何に困っているのか」「どうしたらできるか」という子供に寄り添った自立活動の視点が学べた。

**図　内容に関するアンケート結果（5件法・自由記述）**

環境があればどこからでも参加できる点は、全国各地の先生方と自立活動を共に学び合う上で大きな可能性があり、今後もニーズが高いことがうかがえました。オンライン研修を充実させるためには、①参加者の研修ニーズを踏まえた上で研修方法の制約がある中でも自立活動の理解促進につながる内容を精査すること、②主催者側からの配信が途切れないようインターネット環境を整備すること、③参加者へ事前に資料提供を行うこと（接続手順が分かると安心して参加できる）、④受信側のトラブルが生じることを前提として見逃し配信を実施すること、がポイントとして挙げられます。

　今後の課題としては、オンライン形式の中で演習やグループディスカッション等を行うための工夫や、参加方法の工夫（集合形式を基本としつつもオンラインでの参加も可とすること）を検討していくことが考えられます。

**コメント**

　教員を対象としたオンライン研修の取組です。これまでの実践内容を踏まえて、研修内容や方法を検討し、感染症対策を行いながら丁寧に取り組んでいます。本実践のアンケートからも、オンライン研修のニーズは高く、今後の取組も増えていくと考えられることから、オンライン研修を充実させるためのポイントは、とても参考になるでしょう。
（吉川　知夫）

|小学部・中学部・高等部|

# 16 ICTコーディネーターを中心とした教育の情報化の推進

## 学びをつなげ、学びをひろげるために

横浜市立上菅田特別支援学校　教諭　鈴木　章裕

Keywords ①ICTコーディネーター　②オンラインスクール

## 1 概要

　新学習指導要領やGIGAスクール構想など、学校現場の新しい課題に対応するため、本校では令和２年度よりICTコーディネーターという役割を新しく設置しました。児童生徒数185名・教員数156名という大規模校である本校では、準ずる教育課程・知的代替の教育課程・自立活動を主とした教育課程のそれぞれ授業で、タブレット端末やパソコンを積極的に活用しています。VOCA、スイッチ、視線入力、音声教材といった支援機器へのニーズも高く、これまでも学校として研究を継続してきました。これらの取組をより一層推進していこうという矢先に、新型コロナウイルス感染症拡大による臨時休業。遠隔授業についても早急な対応が求められました。子どもたちの"学びを止めず""豊かな学び"を構築するための試みについて報告します。

## 2 実践のポイント

　ICTコーディネーターは、本校では新しい役割で明確な業務内容はまだなく、「教育の情報化の推進」というミッションが与えられているのみです。このようななかで、大切にしたいことは、"整備→周知""研修→実践"というそれぞれの局面をつなげていくことです。しかしながら、今回のコロナ禍のように先行きが極めて不透明な局面においては、まずは"実践"を第一優先としました。部分的であっても実践できそうなチームがあれば先に端末やネットワークといったリソースを託し、その成果を全体の整備・研修計画に反映させていく、といった真逆の発想が重要だったことを先に書き添えておきます。

### (1) 整備

　ICT機器の導入、管理を担当し、場合によっては教育委員会との連絡調整を行いました。全校で活用するためには、使用におけるルール作り、初期設定、定期的なメンテナンスが必須です。ICT機器が導入されたものの、"使わない""使えない"状況を生まず、いつ、誰でも、使いたいときに整えることが、情報化推進の第一歩と考えました。

## （2）周知・研修

　ICT機器の導入後は、全校の教員・保護者に向けて周知や研修を行うなど、広報係や研修係としての役割を担いました。特に、コロナ禍をきっかけとしたオンラインサービスの導入にあたっては、機器の操作方法について保護者からの相談を受けることもありました。

**写真1　校内での情報共有を図る『かみすげたICTニュース』**

**写真2　校内サーバーに置いたオンデマンドの研修資料**

第2部

校務・研修

実践編

## （3）実践

　臨時休業期間中は、学習保障の教材・授業配信体制の構築が重要な業務となりました。学校再開後はICT機器を活用した授業の支援を行いました。だれもが使えるように、支援機器のフィッティングや活用方法に関して助言する他、直接授業を行うこともあります。

# ③　実践　～学習保障の取組を中心に～

　突然の臨時休業。どのように学習機会を保障するかは本校でも危急の課題で、保護者の負担を考慮しつつ、幅広い実態の児童生徒と学び続けられる方法を模索しました。従来通りにプリントやCDを各家庭に郵送する方法と併用して、オンラインを活用した教材（授業）配信を始めることにしました。この取組は大まかにオンデマンド型とリアルタイム型に分かれますが、いずれにも"萌芽期""発展期"と呼べるような時期がありました。"萌芽期"の取組は試験的な要素が強く、その多くは既に行われておりません。ですが、多くの関係者に新しい取組を知ってもらうための一種の"キャンペーン"として重要な役割を果たしました。その後の"発展期"に行われた取組は、再開された対面授業との"ベストミックス"を探るものです。この取組はまだ始まったばかりですが、少しずつ、手応えのある実践が集まり始めています。

## （1）オンデマンド型の教材配信に関する取組（ホームページとYouTubeの活用）

　"萌芽期"としての取組は『上菅田オンラインスクール』です。本校では臨時休業の当初より、ホームページ上でPDF教材を配信する取組を続けてきましたが、YouTube公式チャンネル開設の許可が下りてからは、関係者専用ページにPDF教材と動画教材を並べ、オンラインスクールとして周知しました。各学年からの動画に加え、理科や外国語といった教科主体のチームや、給食室、ボッチャ同好会といった学級外からの動画も集まりまし

た。動画編集にかかる負担は決して軽くはありませんでしたが、「児童生徒とのつながりを作りたい」という意識で、多くの教員が参加してくれました。

　YouTube動画の配信は校内でも一定の盛り上がりを見せましたが、対面授業が再開されてからは新作動画の数は大きく減りました。しかし、感染症対策による教室の分散などから、動画教材自体は引き続き活用されています。

写真3　公式 Youtube チャンネル（限定公開）にアップした動画教材の例

## （2）リアルタイム型の授業配信に関する取組（Zoomとロイロノートの活用）

　リアルタイム型の授業配信に挑戦したのは『上菅田オンライン広場』です。臨時休業期間中に先進的な取組をされていた他校の事例を参考に、Zoomを活用して学部集会やテーマ別のレクを行い、学校と同じ活動を保障しました。

　学校再開後は、感染症の状況を踏まえて登校を控えている児童生徒への個別の学習保障に取り組んでいます。知的障害のある生徒数名と行った"朝の会"の配信では、呼名や体操といった普段の授業に近い活動に取り組むことができました。簡単な視覚支援シートも活用することで、画面越しでも生徒と役割を分担して会を進行することができました。

写真4　『オンライン広場』の案内

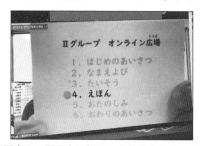

写真5　画面上に提示した視覚支援シート

　準ずる教育課程で学ぶ児童とは、GIGAスクール構想に関連して横浜市から配布されたロイロノートのアカウントも活用して、教材の受け渡しや双方向のやりとりを行いました。それまでは紙の教材を郵送した上でZoomでやりとりをしていましたが、ロイロノートを併用することで、対面するお互いの表情、音声、教材のすべてをオンラインでやりとりができるようになりました。その効果は遠隔授業の実現にとどまりません。重い運動障害でアナログ教材では代筆が不可欠な児童でしたが、ロイロノートで教材がデジタル化されることにより、支援

写真6　Zoom とロイロノートを活用した遠隔授業の様子

機器を用いて自分の力で教材にアクセスすることが可能になりました。今後展開されるGIGAスクール構想に先駆けた貴重な実践となっています。

これらの活用の他、高等部では横浜市内の高等特別支援学校とのオンライン授業交流を行いました。また、感染症を理由に実施が見送られている一般の小中学校との居住地交流もオンラインで再開できないか、検討を始めているところです。

### （3）進路指導に関する取組

学習保障に関する取組は感染症の状況にある程度左右されるので、時期や学部・学年によって差があります。一方で、オンラインという環境を情報発信の場として積極的に活用し始めたのが進路指導です。外部の関係機関との打ち合わせをZoomで行う他、進路説明会や施設見学会の動画を作成し、YouTubeにアップしました。「コロナ禍の中でも十分な進路指導を」という思いが取組のきっかけですが、まだ卒業を意識していない学年の保護者や教員にとっても、学びをひろげることにつながると考えています。

この他、感染症とは関係なく取り組み始めていた、企業からの協力を得て行う遠隔職場実習や、独自に作成した『福祉事業所版進路先データベース』の活用など、ICTコーディネーターとして様々な取組に関わっています。

## ④　成果と課題

学級外の立場としてICTに関連した業務を一括して請け負うことで、校内の幅広い課題に迅速に対応することができました。GIGAスクール構想による教育環境の変化が予想される中、本校のような大規模校では周知や研修が大きな課題となります。個々の実践から学ぶための丁寧な事例検討も欠かせません。しかし、整備だけでもかなりの業務量が生じることは想像に難くなく、今後も組織的な取組を継続していくためには、技術的な専門知識を有するスタッフの計画的な配置と待遇改善が不可欠といえるでしょう。

## ⑤　まとめ

新型コロナウィルスに関連した対応ではICTの活用は必須でしたが、急な変化に戸惑う職員がいたことも事実です。そのような職員へのサポートも丁寧に行うことで、オンラインでの教材配信も、学校全体の取組として推進していくことができました。引き続き、1人1台環境の整備や支援機器の活用といった課題に学校全体で挑戦していく予定です。

> **コメント**
>
> GIGAスクール構想を踏まえ、学校組織にICTコーディネーターを位置付け、組織的な体制を構築しながら教育の情報化を進めたことは、今後の学校組織を考える上で参考となる取組です。また、実践報告においては、コロナ禍における動画配信やオンラインでの取組が具体的に示され、他校の参考となる事例です。
>
> （菅野　和彦）

| 小学部・中学部・高等部 |

# 17 3密対策を施した ICT環境の整備と活用

## 校内 ICT 環境のマネジメント

富山県立富山総合支援学校　教諭　大窪　康之

**Keywords** ①プロジェクトチーム　②オンライン授業（会議）システム　③「まずは使ってみる」

## 1 概要

　新型コロナウイルス感染拡大防止のための臨時休校や学校再開後の対応として、従来の授業や会議等の在り方を見直し、オンラインでの授業や会議等ができるよう、図書情報部が中心となって校内ICT環境の整備と活用を推進した取組です。学部や分掌からの要望を踏まえ、校内にオンライン授業（会議）システム「Teams」を導入・推進するとともに、ホームページにパスワードを設定して、本校の児童生徒や保護者に情報提供しました。

## 2 実践のポイント

　本校では、これまでオンラインでの授業や会議を行うといったことがほとんどありませんでした。しかし、新型コロナウイルス感染拡大防止対策のため、ICT機器を活用した新しい授業や会議の在り方が求められるようになりました。そこで、教育用クラウドサービスを導入し、学校と家庭・地域を結んだオンライン授業や会議ができる環境にしました。

### （1）プロジェクトチームの立ち上げ

　中心となる「図書情報部」において、ICT機器に関する最新の情報収集や提供を行いながら、教育用クラウドサービスの導入から活用までの中心的な役割を担うために、「ICTプロジェクトチーム」（以下、PT）を立ち上げました。

### （2）ICT環境調査の実施

　児童生徒が自分のタブレット端末やスマートフォンを持っているか、また家庭でのネット接続の方法や通信料等について書面にてアンケートを実施し、各家庭の通信環境を把握しました。

### （3）事前研修の実施

　教育用クラウドサービスの導入にあたり、図書情報部及び各学部主任が、専門家からの技術指導を受けました。その後、PTが幾度もテスト通信を行って使用環境を確認し、そして、ソフトウェアの操作方法を習得し、その技術をより確かなものにしました。

## （4）全教職員対象の研修会の実施

　PTの教員が講師役となり、全教職員に対しての研修会（最大７人を１グループとして、計14回）を行いました。ここでは、オンライン授業を行うためのルールを確認したり、使用するソフトウェアの簡単な操作説明を行ったりしました。そして、日々の授業でオンライン授業を実施する場合、PTがサポートに入り技術支援を行うので、積極的に使用してもらうように働き掛けました。

## （5）家庭とのテスト通信の実施

　学校と家庭がオンラインでつながるかを確かめるために、テスト通信を行いました。事前にログインの仕方を記した案内文を配付し、テスト通信が通じたときに、保護者と映像や音声、注意事項等を確認しました。

# ③ 実践

　学校再開後、各学部からオンライン授業を行いたいという意見が多く寄せられました。

## （1）高等部（学年集会）：各学年の生徒が２、３カ所に分かれた集会

　年度初めの学年集会を行うにあたり、高等部の各学年主任から、学年全体を数カ所に分けた学年集会を行いたいとの申し出がありました。少しでもお互いの顔が見られるようにしたい、声を聞かせてあげたい、友達の様子を見せたいといった教員の要望に、PTでは様々な方法を検討し、ベストな方法として、今年度（令和２年度）導入したオンライン授業システムを紹介しました。映像や音声の配信について分からないことがあれば何でも相談に応じることを伝え、技術的な面のサポートをしました。

　本校で初めての本格的なオンライン授業ということもあり、プロジェクタや大型テレビ等の大きな画面に映したい、生徒の表情を映す角度はどうかなど、PTと学年の代表の教員が協力して、詳細な事前テストを繰り返しました。事前テストでは、基本的な接続の仕方が分からない、音声がスピーカーから出ない、映像が粗いなど、多くの質問や課題が出てきましたが、PTのメンバーが学年に一人ずつ入るように調整を図ることで一つ一つ解決していきました。

【授業後の生徒の感想】

| |  |
|---|---|
| ・画面で友達の様子を見ることができて安心した。<br>・画面の向こうの先生とやりとりができてうれしかった。 | ・自分の書いたものが相手に見えているか不安だった。<br>・文字が見えにくかった。 |

## （2）中学部（総合的な学習の時間）：２クラスで同一の授業

　中学部からは、２クラスをオンラインでつないだ授業を行いたいという要望がありました。この事例でも今年度導入したオンライン授業システムを紹介しました。中学部では、ICT機器の取扱いに慣れている教員を中心に授業を展開してもらいました。そして、その教員から学部内の教員への普及を図りました。

【授業後の生徒・教員の感想】

> （生徒の感想）
> ・緊張したけれど、楽しかった。
> ・もう１回、やりたい。

> （教員の感想）
> ・相手に分かりやすく伝えるための声の大きさや態度を意識させることにつながった。
> ・生徒がキーボードやマウスを使うことが大変で、授業に集中できなかった。

## （3）小学部（生活単元学習）：学習グループを二つに分けた授業

　小学部からは、オンライン授業システムを活用した生活単元学習の授業をしたいという要望が学習グループから出ました。その学習グループのPTのメンバーを中心に授業を進めてもらいました。技術的な問題はなかったものの、どのようにしたら効果的に教材を提示し、児童が集中して大型画面を見ることができるのかといった、これまでとは違った授業の進め方や教材の提示の仕方等についての問題点が浮かび上がってきました。この点については、児童の反応や発言、表情を手掛かりに、授業の進め方の改善を図っていこうと考えています。

【授業後の教員の感想】

> ・児童は、つながっているという状況が楽しく、意欲的であった。
> ・密を避けながら少人数で学習できることで、同じ進度で同じ内容を学習することができた。
> ・児童の実態に合った支援が必要なため、事前の準備が必要である。
> ・準備に時間がかかる。

## （4）図書情報部（分掌部会）：ICT機器を活用したオンライン会議

　今後、オンライン授業を行う上で先導役となる教員の技術力の維持や向上を図るためには、日頃から機器を操作し、ソフトウェアを使うことが大切であると考え、オンライン会議を実施しました。使用するソフトウェアの操作手順や使用環境を確かめるとともに、その有効性についての検証を行いました。

## （5）教育支援部（オンラインによる学校見学会）
## 　　　：動画を含む資料をインターネット上で公開（閲覧にはパスワードが必要）

　コロナ禍のため来校はできないが、本校に就学を希望している、進学先の一つと考えているという保護者や児童生徒に、本校の特徴を伝えたいという要望が教育支援部からありました。そこで、本校を紹介する動画を撮影・編集し、ホームページに掲載しました。個人情報保護のためにパスワードを設定し、関係者限定で公開しました。実際にパスワードを付けたホームページが機能するのか、どの端末でも閲覧できるのかなど、幾度もテストを行いました。

　オンラインによる学校見学会後のアンケートでは、概ね良かったとの回答がありましたが、その他の意見もいくつか寄せられました。以下は、その一部を紹介します。

・感染の心配がなく、いつでも、どこでも、何度でも観ることができるのでよかった。
・実際の見学とオンラインの見学の両方があると、より理解が深まる。
・動画だけでは伝わらないことがある。
・実際に見聞きしたり、相談したりしたい。

## ❹　成果と課題

　本校にとって、オンラインでの授業や会議等は初めての試みでしたが、「まずは使ってみる」という教員が増えたことが成果として挙げられます。また、3密対策として分断された集団をICT機器でつなぐことで、児童生徒の学びや関わりを取り戻すことができました。児童生徒にとっては、画面に映る友達に向かって、声の大きさを考えたり、分かりやすい資料提示の仕方を工夫したりするなど、より相手を意識した学習に取り組むことができました。「本当に伝わっているのか不安だったけれど、ホッとした。」といった生徒の声があり、児童生徒も初めての体験で不安をもちながらも、友達とつながっていることを実感することができていました。

　しかし、少しでも映像や音声が途切れると、スムーズな授業展開が難しいことが現在の課題です。今後は、教員のICT活用した指導力の更なる向上を図るとともに、オンライン授業では大量のデータを送受信するため、データ量に耐えられる通信環境と、パソコンやタブレット端末等の処理能力の高い機器の整備が必要と考えます。

## ❺　まとめ

　校内にPTを立ち上げたことで、オンライン授業システムを使用する上で核となる教員を各学部に配置することができました。その教員を中心に、少しずつ本システムを使っていこうという意識が広がり、学校全体に浸透していきました。「まずは使ってみる」そして、よさを実感してもらうことが大切であると考えます。今では、このオンライン授業システムを日々の授業や集会はもちろん、訪問教育と小学部をつないだ授業や研究授業の録画、オンラインでの会議や研修会にまで幅広く使用しています。オンライン授業の普及を少しずつ進めていますが、その重要性が教員間でも認識されつつあります。これまでの授業スタイルを見直し、時間的あるいは空間的な制約がないオンラインでの授業や会議等は、新しいスタイルとしての可能性を秘めていると思われます。

> **コメント**
>
> 　本実践は、感染症対策を行いながらオンライン授業やオンライン会議等ができるようにするため、校内の組織づくりや教職員の意識改革に取り組んだ過程を紹介したものです。新たな取組においては、推進役となる人材の重要性や、「まずは使ってみる」ことから始め、改善することの大切さを学ぶことができます。
>
> （下山　直人）

| 小学部・中学部・高等部 | 特別活動等

# 18 遠隔システムを活用した体育大会の取組
## 北海道肢体不自由養護学校体育大会の実践から

北海道特別支援学校肢体不自由・病弱教育副校長・教頭会
（現 北海道網走養護学校　校長）　上村　喜明

Keywords ①広域・遠隔システム　②体育大会　③つながる・学習の広がり　④生涯学習

## 1 概要

　本道の特別支援学校肢体不自由教育校（以下、肢体不自由教育校）は、全道の肢体不自由特別支援学校の児童生徒の心身の健全な発育を図るため、体育的行事を通して各学校で学ぶ児童生徒の交流を深めることや体力の保持増進を目的として、昭和61年度から「北海道肢体不自由養護学校体育大会」（以下、体育大会）を開催しています。開催は、北海道肢体不自由養護学校文化体育連盟の主管、北海道特別支援学校肢体不自由教育校長会の主催です。令和元年度で第34回を迎えました。

　広域な本道には肢体不自由教育校が10校あります。札幌圏に道立高等部併置校3校、道立単置校1校、市立校2校、旭川、網走、白糠、函館に各1校あり、全道に設置されています。体育大会開催当初は、体育大会メイン会場校に道立高等部併置校7校が集まり、体育大会を実施していましたが、近年、遠隔地校は児童生徒数の減少や障害の重度重複化による長時間の移動の負担、参加への予算確保の困難などの課題があり、体育大会の目的を達成すべき方策について検討が必要になっていました。

## 2 取組改善のポイント

　毎年開催される体育大会に参加している選手の表情や様子を見ていると、練習した成果を発揮しようと真剣に取り組んでいる姿や、チームの友達を応援したり他校の選手を讃えたりするなど、本体育大会を維持すべく意味が大きいと感じます。体育大会のメイン会場に集まることが難しい児童生徒たちに、少しでも全道の仲間と活動を共有し、同じ場面をともに活動できる状況を創るために、遠隔システムを活用することは有効な方策と考えました。このような体育的行事の機会を道内の肢体不自由教育校の仲間と集い、切磋琢磨できる機会を継続し、さらに多くの仲間とつながることでお互いの心身の成長発達を図り、そして、肢体不自由のある児童生徒の体験・経験が広がり、心身の成長発達はもとより、将来の生涯学習にもつながると考え、取組を実施しました。

# ③　実践

## （1）遠隔システム導入に向けた体育大会プロジェクトチームの編成

　平成29年度から肢体不自由・病弱教育校副校長・教頭会を中心に体育大会プロジェクトチームを編成し、検討しました。今後の大きな構想としては、札幌市立肢体不自由教育校、病弱教育校、道立肢体不自由教育校、病弱教育校が参加できるスポーツ大会の開催です。令和2年度本格実施に向けて検討を進めました。2校の病弱教育校については、両校ともに校舎移転の時期であり、参加については今後の推移を見ていくこととしました。札幌市立肢体不自由教育校は道立肢体不自由教育校のネット回線と異なるため、道立校間で行ってきた体育大会への参加については、今後の双方の回線更新の状況や学校の状況を鑑みて検討することとなっています。平成30年度には各肢体不自由教育校の情報教育担当者（教員）を集めて「遠隔システム情報担当者会議」を開催しました。

## （2）企業や公益財団法人からの支援・協力

　北海道八雲養護学校等で遠隔による合同社会見学などの実績のある株式会社沖ワークウェルの支援・協力を得て取り組みました。今回の体育大会についても支援・協力を依頼し、様々な助言やアドバイス、回線の状況確認などについてご協力をいただきました。平成30年11月に各肢体不自由教育校の情報教育担当者を集めて「遠隔システム情報担当者会議」を開催した際に、株式会社沖ワークウェル技術担当者の方に来ていただき、実際に遠隔システムでつないだ場面を見せていただいたり、ネット状況の説明をしていただいたりし、平成31年度試行実施に向けて準備を進めました。実施年度には、公益財団法人小野寺眞悟障がい者スポーツ振興会の研究事業を通して、費用等での協力もいただきました。

## （3）令和元年度（平成31年度）遠隔システムの試行実施に向けた取組

　令和元年度（平成31年度）の体育大会は、株式会社沖ワークウェルからマイクスピーカーの提供を受け、Wi-Fiルーターをレンタルして体育大会会場に設置して試行することとなりました。今回は、「1　取組事例の概要」にあるように、遠隔地域の特別支援学校に遠隔システム試行実施の希望を調査し、希望のあった2校を対象として遠隔での実施を行うこととしました。

**図1　遠隔システム試行による体育大会のイメージ**

## （4）遠隔システムを活用した北海道肢体不自由養護学校体育大会（当日）

　遠隔システムを試行した体育大会は、メイン会場である北海道真駒内養護学校に、北海道手稲養護学校と北海道拓北養護学校、北海道旭川養護学校の3校が集合し、メイン会場

と北海道白糠養護学校、北海道網走養護学校の2校をつなぐかたちで開催しました。

写真1～4は遠隔システムを活用した当日の体育大会の様子です。

写真1　体育大会 開会式（メイン会場校）

写真2　体育大会 競技の様子（メイン会場校）

写真3　体育大会 開会式（白糠養護学校）

写真4　体育大会 競技の様子（網走養護学校）

## ④ 取組の成果と課題

### （1）成果

- ・遠隔システムの活用により、広域な本道の児童生徒の交流ができ、プラスの成果があることが分かった。
- ・児童生徒の社会観、世界観等を広げることができ、いろいろな体験、経験ができる。

**体育大会アンケートより抜粋**

- ・広域な北海道の移動やそれに係る予算などの面も含めて、他の地域との交流を広める可能性も考えると、とても良いシステムだと思う。
- ・肢体不自由のある生徒が長距離の移動をせずに、遠隔システムを利用して、いろいろな体験ができるのは有意義であると思った。
- ・今の子どもたちをとりまく環境の中の伝達手段の一つとして、とても良いと思った。
- ・このような機会を学習場面で活用できれば、よりよい教育が成り立っていくと感じた。
- ・大会に向けて、毎日練習を続けてきたことで、大会参加への意欲が高まり、競技ルールの理解や自分なりに試行錯誤して取り組もうとする姿が生徒に見られた。
- ・自分の競技種目と同じ種目の他校の生徒の様子を見て、応援したり、「速い」「すごい」と感想を話す児童がいた。その児童と同じような状態の児童生徒が自校には少ないため、良い機会となった。
- ・バレーボール正確転がしなどは、各校でスロープやゲートの同じ道具がそろっているので映像でも交流しやすいと思う。

**（2）課題**

- ・教育課程に応じた効果的な遠隔システムの活用の検討
- ・カメラ、マイクの移動式での活用と角度、協議中の音量調整
- ・映像のタイムラグがあることによる競技スタートの問題
- ・Wi-Fi ルーター接続速度の保証の確認、他方法の情報収集
- ・競技に集中している際は映像を見られないことによるアナウンス方法の場面設定、シナリオ等の検討
- ・遠隔システムを担当する人員の配置と映像による交流場面の更なる設定の検討
- ・Wi-Fi ルーターのレンタル等の予算の確保、カメラマイクの購入の検討

## ⑤ まとめ

遠隔システムを活用した体育大会の実施において、参加した児童生徒は、他校の児童生徒の様子を見て、競技の成果に驚いたり、笑顔になったりといろいろな表情を見せてくれました。特に本道は札幌圏外の学校間が長距離であり、また、少人数校であったり、移動に負担や困難性があるため、生徒たち同士での経験や視野を広げる教育も

写真5　遠隔を通して他校の生徒を讃え合う

課題の一つです。「自分には仲間がたくさんいることに驚いた」という子どももおり、遠隔システムを上手に活用することで、道内で点在する学校の児童生徒同士のつながりは学習へ生かされていくと感じます。遠隔システムでの体育大会を体験した教員からは、「実際に生徒の変容に気付かされ、「仲間」の必要性を感じます。子どもの成長には、学習や活動に対する挑戦、体験、経験などを行う「場の設定」と多くの友達と関わる、いろいろな人がいるという「仲間の存在意識」「人とのコミュニケーション」の必要性を感じました。」という感想もありました。これは、参加した多くの教員が感じた思いでもあると考えます。

このような遠隔システムを活用することにより、子どもたちの経験の幅を広げるとともに、子どもたち同士で学ぶ機会を保障する中でよりよい成長を期待しています。今後は、体育大会での遠隔システムの成果をもとに、他の学習での幅広い活用も検討する必要性があると考えています。

> **コメント**
>
> 　体育大会の長年にわたる取組もさることながら、遠隔システムを活用して体育大会を行うという発想とそれを実現していることがすばらしいです。また、企業等の協力を得ながら取り組んでいることは、「社会に開かれた教育課程」の理念にも通じ、各地域の参考となる事例です。
>
> （菅野　和彦）

第2部　実践編　外部との交流

# 19 知的障害を有する児童のオンラインによる交流及び共同学習

## 郷土料理「八戸せんべい汁」を紹介しよう

青森県立八戸第一養護学校　教諭　佐野　幸子

Keywords ①遠隔授業　②交流及び共同学習　③対話力

## 1 概要

　小学部知的代替教育課程の４～６年生４名で、望ましい「対話力」の育成を目指し、八戸市の郷土料理「せんべい汁」について学習したことをまとめ、都立鹿本学園、都立光明学園の児童とビデオ通話アプリ（FaceTime）で結び、プレゼンテーションをしました。

## 2 授業改善のポイント

### （1）実態

　学級内での発表場面では、集中が途切れて姿勢が崩れ、足を組んだり、あくびをしたりする、また発表の途中で聞き取れないほどの小さな声になったり、泣き出したりする児童、言葉の理解はあるものの、音声言語を発することが難しい児童、さらに通常の対話の場面では、教師が「明るい」と言うと「歩いて」などのように、聞いた言葉とは別の言葉を発してしまうなど、適切なコミュニケーションを行う上での障害特性による困難さも課題の一つとなっていました。

　以上のことからコミュニケーションの大きな要素となると思われる、対話力を総合的に獲得する３つの段階を設定しました。第１段階はクラスの約束として会話をするときに①相手の顔を見る、②背中を伸ばす、③聞こえる声で話す、の３つのポイントを提示してきました。４名とも授業の始まりや、教師が前に立って何かを始めそうな雰囲気を感じると、自分から背中を伸ばし、顔を前方に向けることが増えました。第２段階は、「○○先生お願いします」などの適切な話し方を学習しました。そして、このオンライン授業に結びつくのが第３段階です。

### （2）ねらい

　第３段階は、人に適切に伝えるための学習です。人に対してもキーボードやAIスピーカーに対しても、正しく伝えなければ反応してくれません。そこには文法が必要であると考え、第３段階では国語や自立活動、合わせた学習の中で、栄養士にインタビューするた

めの望ましい質問のし方を学習しました。八戸市にはせんべい汁という郷土料理があり、児童は家庭でも給食でも、宿泊学習でも調理をして食べていますが、せんべい汁について質問をしても、誰も答えられませんでした。そこで、せんべい汁を知るための学習が始まりました。担任を越えて校内の職員、そしてオンラインを活用して他校の児童へと関わりを広げるために、表1にある目標を目指しました。

**表1　児童の実態と目標**

| 児 童 | 実 態（抜粋） | 目 標 |
|---|---|---|
| A | 言葉の言い間違いが多い | 文章を正しく音読する |
| B | 顔を下げたり、口に指を入れたりしながら話を聞く | 姿勢を保って会話をする |
| C | 自分からはほとんど声を出さず、身振りで表現することが多い | 言葉に合わせた母音を発声する |
| D | 人前での学習では泣いて混乱することがある | 聞こえる声で友達に最後まで説明を続ける |

このような児童の実態から、人や物、文字を見る、話を聞く、音声言語又は身体表現で伝える、自分で書字したりキーボードに打ったりすることを、「せんべい汁を紹介しよう」という大きな単元を組み、国語、自立活動、合わせた学習で実践することで、全ての学習に横断的に関連させることができると考えました。

## ③　実践

### （1）せんべい汁について知る

せんべい汁のルーツを知るためのインタビューをするためには、既習の顔の向き、声の大きさ、身体の向きの他に、内容が伝わる表現の仕方が加わります。ここで必要な要素が言葉の順番と助詞の使い方でした。国語の時間に「誰が・どこで・何を・なぜ・どのようにした」の基本知識を学習し、インタビューに望みました。写真1の場面は、栄養士にインタビューの依頼をするために訪れたときのもの

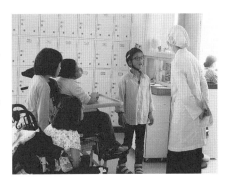

写真1　インタビュー依頼時の様子

です。代表の児童と栄養士が会話している様子を、他の児童は見つめていました。

### （2）内容をまとめる

インタビューが終わると、今度は自分たちで結果をまとめる作業になりました。内容を①せんべい汁の歴史、②せんべいの作り方、③せんべい汁の作り方の3つに分け、4人で分担しました。ただまとめるだけではもったいないので、たくさんの人に知らせよう！とのことで、鹿本学園、光明学園の児童にプレゼンテーションをすることを知ります。日本地図で東京の場所を確認し、修学旅行で行った岩手よりも、楽天イーグルスの本拠地よりも遠い！ということが分かりました。

## （3）プレゼンテーションを通して、人に伝えるための所作や流儀を学ぶ

図1　プレゼンテーションの練習

　３グループに分かれて、自分たちに合った紹介の仕方を教師と一緒に考え、前の時間までに実践していた話すときの姿勢を常に意識できるよう提示し、教材づくりを行い、練習を繰り返しました。図1では、一つの工程の説明を協同で行っています。女子児童が指で番号を表し、材料の名前「お・に・く」の母音を発声したのを聞いて、男子児童が「お肉を入れます」と発するという、お互いに注視していなければ成立しない対話ができるようになりました。

　練習の様子をビデオで撮影し、自分を客観的に観ることで、どこをどのようにすると良くなるのかを探し出す学習もしました。事前に３つのポイントを提示しているので、児童たちは自然にそのポイントに沿った視点で分析し、改善点を見つけ出すことができました。

## （4）交流当日

　事前に自己紹介をしあって、２度目の対面となりました。本校の児童はこの日を楽しみにしており、毎日のように２校のことを話していました。当日は全肢研の日となり、全国の先生も観ているという、人前で話すことが苦手な児童には避けたい状況でしたが、全員がカメラに向かって、自分が用意した内容をプレゼンテーションしました。この日ももちろん３つのポイントは提示してあります。１つプレゼンを終えると２つ

写真2　プレゼンテーションの様子

の学校にクイズを出して答えてもらいました。合計３問のクイズでしたが、友達が考えている様子を見ている本校の児童は、画面に釘付けになり、その解答に歓声をあげていました。

## ④　成果と課題

　誰かに情報を正しく伝えるためには、話せるだけではなく、どこを見るのか、声の大き

さはどうするのか、どのような言葉を使い、どのようにつなげるのかなどの多くの要素が必要です。こういった多くの要素を、国語や自立活動、合わせた学習の中で集中して行った結果、プレゼンテーションでは笑顔にはならないながらも、最後までせんべいづくりの工程の説明ができたり、文章を見て正しく読んだり、説明中はできる限り顔を上げて、材料を鍋に入れたりすることができました。プレゼンテーション後は、オンラインによりつながった友達に対して、自分の思いを紙に書いて送りました。今度の伝え方は文字です。「話す」よりも「書く」ことは非常に難しいです。だからこそ「5W1H」を活用して情報を厳選し、時間をかけて完成しました。

　教室内に差し込む太陽光の強さにより、せっかくの画面が見づらい状況であったり、途中で画面が止まってしまったりするハプニングがありましたが、児童達は各校の児童に大きな声で呼びかけることもでき、ただその場で黙って待つのではなく、自分たちにできる何かをしようとする様子が見られました。

写真3　交流時の様子

　今後の取組では、児童達の様子が確実に伝わるように、画面がはっきりと見える教室内の明るさやはっきりと聞き取れる音声などの環境調整を確実に行うことが必要であると思います。

## 5　まとめ

　肢体不自由特別支援学校に通う児童数は、通常の学校の児童数に比べて少ないため、一学級の人数も通常の学校に比べると大きな差があります。そのため、同年代の児童とのやりとりも、通常の学校の児童に比べると少なくなります。同校での同年代の児童数には限界がありますが、他校とオンラインでつながることによって、容易に同年代の児童と学習ができます。新たな刺激を体験し、その刺激が次のやる気を生み出してくれたと思います。

　今回オンラインで2つの学校と結ばれ、多くの友達に自分たちが学んだことを伝える活動をしたことをきっかけに、これから実際に起こる様々な状況においても、自分たちができる対話力で乗り切ってほしいです。

### コメント

　本実践では、児童が大好きな郷土料理を、遠く離れた友達に伝えるために、伝える中身について調べ、日頃より取り組んできた伝え方を磨き、3校間の充実した交流を実現させています。遠隔交流学習が、知的代替教育課程で学ぶ児童生徒にとっても有効であることを示すとともに、交流を支える日頃の学習の大切さを教えられます。

（下山　直人）

# 20 教科横断的な視点から取り組むプレゼンテーションの指導

## 全国をオンラインで結ぶ大会への参加を通して

群馬県立あさひ特別支援学校　教諭　石田　羊一郎

Keywords　①教科との連携　②オンライン学習　③プレゼンテーション

## 1 概要

　「ミラコン〜未来を見通すコンテスト〜プレゼンカップ全国大会」（以下、「ミラコン」）は、肢体不自由特別支援学校高等部に在籍する生徒によるプレゼンテーションの大会です。ミラコンでは、「視点を価値に、経験を未来へ」をコンセプトとして、生徒一人ひとりが自分の思い描く未来の実現にむけた提案を行います。

写真1　Final Stageの様子

　決勝にあたるFinal Stageは、東京の本会場と全国7ブロックの代表者が在籍する学校をオンラインで結んで開催されます（写真1）。このような開催方法により、文化的なイベントやスポーツ大会の中止・延期が続いた令和2年度においても第3回大会の開催が実現しました。

　本校は平成30年度の第1回大会より参加を続けており、効果的な指導の方法について検討を重ねています。平成31年度には、プレゼンテーションの作成から発表に至るまでの過程を各教科でどのように担っていくかを指導内容の観点から整理し、教科横断的に学習指導を進めるようになりました。その方法と、今年度実践したオンライン学習の工夫について紹介します。

## 2 授業のポイント

　平成31年度の実践では、国語科を中心にプレゼンテーションの指導を行いました。各教科の目標をもとに生徒にどのような力を育むかの整理を行い、令和2年度もその基本的な枠組みを活かしつつ指導を行っています。その内容は表1のようになります。

表1　プレゼンテーションの作成を通して育みたい力

| 国語科：テーマについて自分の考えをもち、文章で表現して口頭で効果的に伝える力 |
| --- |
| 情報科：著作権などの知的財産権保護について理解し、著作物等を適切に活用する力 |
| 商業科：プレゼンテーションの作成に必要なソフトウェアを組み合わせて活用する力 |

　令和２年度より、総合的な探究（学習）の時間（以下、「総合的な探究の時間」）を中心としてミラコンと関連付けた学習指導を行っています。探究課題を「自分の描く未来にとって必要な社会や地域への提案」とし、生徒は総合的な探究の時間を通して作成したプレゼンテーションをもとにミラコンで発表しています。

　探究の過程である【課題の設定】【情報の収集】【整理・分析】【まとめ・表現】における生徒の学習内容と、指導内容で共通性のある教科（国語科、情報科、商業科）が分担してプレゼンテーションの指導を行っています。プレゼンテーションの作成から発表に至るまでの探究の過程を、各教科等でどのように分担しているかをまとめました（表２）。

表２　探究の過程と生徒の学習内容、教科の指導内容の関係

| 探究の過程 | 教科等 | 生徒が学習する内容 | 教科の指導内容 |
|---|---|---|---|
| 課題の設定 | 探究の時間 | 各自のテーマ設定は総合的な探究の時間で重点的に扱う。 | |
| 情報の収集 | 社会と情報 | 情報機器の活用（デジタルカメラ等） | （1）情報の活用と表現　イ、ウ |
| | 社会と情報 | 知的財産権の保護について | （3）情報社会の課題と情報モラル　ア、ウ |
| | 探究の時間 | 観察や実験、調査などの活動は、総合的な探究の時間で重点的に扱う。 | |
| 整理・分析 | 情報処理 | 表やグラフの作成 | （3）ビジネス情報の処理と分析 |
| | 国語総合 | 発表原稿の作成 | B書くこと　イ、ウ |
| まとめ・表現 | 情報処理 | スライドの作成 | （5）プレゼンテーション　ア、イ |
| | 国語表現 | 効果的な話し方について | エ、オ |

※高等学校学習指導要領　平成21年３月告知による

　「生徒が学習する内容」にあたる部分を各教科の時間で指導することにより、教科担当の専門性を活かした指導が可能となります。特に、表計算ソフトを活用した表やグラフの作成については、商業科の教科担当が参加したことで指導の効果が大きく上がりました。また、総合的な探究の時間での生徒の活動を軸として、他の教科の年間指導計画の見直しも行っています。例としては、生徒が発表原稿を作成する時期に国語科で書くことの単元を扱い、授業の中で指導するなどがあります。

　このように教科横断的な体制をとることで、総合的な探究の時間には指導に時間を要する【課題の設定】や、【情報の収集】における調査などを重点的に扱うことが可能になりました。特に、【課題の設定】における各自のテーマ設定は、生徒が自分の興味・関心をどれほど深く掘り下げることができたかによって、以降の学習に対するモチベーションが大きく変化します。生徒の興味・関心に根差したテーマ設定の大切さを、強く感じています。

　また、各自のテーマ設定において担任が生徒の興味・関心について詳しく聞くことで、担任の生徒理解が深まったり、進路指導につながる情報を得ることができたりするなど、副次的な効果が上がる様子も見られました。

**③ 実践**

　令和２年度は新型コロナウイルス感染拡大防止の観点から、オンラインで学習を進める

場面が多くありました。様々な方法の中でもビデオ通話は学校での教育活動との相性も良く、活用できる場面も多岐にわたっています。ここでは、国語科におけるリモート学習の実践と、総合的な探究の時間におけるビデオ通話によるインタビューの実践を紹介します。

## （1）リモート学習における学習指導

写真2　Google Meetの活用

　本校には、感染予防のため自宅からリモートで学習に参加する生徒が在籍しています。群馬県ではGoogleが提供するグループウェアサービス、「G Suite」の活用を推奨しており、本校では「Google Meet」のビデオ通話機能でリモート学習を行っています。

　写真2は、国語総合の時間に発表原稿を作成している様子です。教室に置かれたパソコンのモニターに、生徒が自宅で行っている作業画面と同じ画面を表示しています。生徒が文字を入力すると、教室のモニターに反映されるので、学習の様子が分かりやすくなります。生徒も文章の構成や表現についてモニターを介して質問するなど、教室での学習に近い形で学習を進めることができました。

## （2）ビデオ通話によるインタビュー

写真3　インタビューの様子

　あるテーマについての情報を収集する上で、見学やインタビューなどの方法は有効な手段です。しかし、令和2年度は校外での活動、特に人と会う形での活動を実施することが難しい状況にありました。そのような中、総合的な探究の時間の中で生徒が担任とビデオ通話によるインタビューの計画を立て、実施しました。

　写真3は、本校の生徒が有限会社片山技研代表取締役の片山秋五氏にインタビューをしている様子です。生徒は、車椅子に乗ったまま運転することができる車両について調べていました。その中で、片山技研が開発した、車椅子のまま乗車・運転が可能な三輪バイク「コアラ」を知り、開発の経緯を聞くために今回のインタビューをお願いすることになりました。開発のきっかけとなったご自身の体験や、複数の異なる説明が報じられていたコアラ命名の由来など、今までの報道や資料では分からなかったことを直接質問することができ、実りの多いインタビューとなりました。

## ④ 授業の成果と課題

## （1）成果

　プレゼンテーションは様々な教科等の指導内容や学習活動に含まれていますが、教科ごとに別々に指導する枠を越え、協力して指導を進めたことで発表の質が高まりました。各

教科担当の専門性を活かした指導により生徒の理解も深まり、学んだ知識・技能を活かして、主体的に表現する姿も見られるようになりました。

　令和２年度は様々な学習活動の実施が難しい状況ではありましたが、オンライン学習の方法を工夫したことで、生徒の学習の保障に一定の成果を上げることができたと考えます。

**（2）課題**

　今まで総合的な探究の時間や各教科等の学習で効果を上げてきた、生徒同士の小グループによる話し合い活動や、校外における調査などの活動などを行うには、依然として困難な状況が続いています。調査のために利用していたパソコン室についても少人数で利用する必要が生じるなど、学習スペースの確保や学校備品活用の工夫が必要となっています。新しい生活様式に適合する効果的な学習指導の方法を、引き続き検討していく必要があると考えます。

## 5　まとめ

　本校では、ミラコンへの参加が教科横断的な指導を導入するきっかけとなりました。各教科等の指導内容を洗い出し、対象（本校ではプレゼンテーション）と関連付けて指導を進める方法は、他にも様々な場面で活用できると考えます。

写真４　生徒のプレゼンテーション

　生徒の変容については、ミラコンへの参加を続けたことで目的意識が生まれ、主体的に学習に取り組む姿が見られるようになりました。テーマの探究においても、既習事項やこれまでの積み重ねを活かす姿が見られるようになりました。問題解決の方法を考えたり計画を立てたりする過程が洗練されるなど、思考する力の高まりを感じます。

　そして、本校の生徒のプレゼンテーションを見た遠方の生徒から感想が届くなど、学校を超えた交流も広がっています。全国的に準ずる教育課程で学ぶ生徒が少ない中で、同世代との交流は生徒にとって貴重な体験です。今後も交流の輪がさらに広がり、学び合うことで得た力が生徒一人ひとりの自己実現につながることを願います。

**コメント**

　各学校では、言語能力、情報活用能力、問題発見・解決能力等の学習の基盤となる資質・能力を育成していくことができるよう、各教科等の特質を生かし、教科等横断的な視点から教育課程の編成を図ることが求められています。ミラコンへの参加を通して、育成を目指す資質・能力を検討し、教科等横断的に取り組んだ素晴らしい実践です。

（吉川　知夫）

| 中学部・高等部 | 生活単元学習 ·······················

# 地域社会で社会性を育む取組

## ICT 機器の活用を通して

沖縄県立桜野特別支援学校　教諭　仲里　拓弥

Keywords　①社会性　②コミュニケーション能力　③情報機器の活用　④社会資源

## 1　概要

　本校では、生徒の社会性を高める取組の一環として「保育園での読み聞かせ活動」を生活単元学習の中で設定しています。この取組は、本校の生徒が近隣の保育園に出向き、絵本の読み聞かせや交流を行うというものです。本取組を通して、生徒は、保育園という学校とは違う場・雰囲気の中で、役割を担い活動します。その中で、自らの力で考えて工夫することや自身のできることを実践するということを多く経験することができます。そのことを通して、校内では味わうことのできない多くの社会経験を積むことができます。

　社会性を育む上で効果的な取組である一方で、肢体不自由を有する生徒にとっては、多くの課題に直面する取組でもあります。本のページをめくること、読み方の工夫点を台本に書き込むこと、その一つをとっても、身体の動きに制限のある生徒にとっては困難な作業の一つであります。

　今回は、iPadの機能やアプリを代替手段として活用することにより、生徒一人一人が主体的に読み聞かせ活動に取り組み、その積み重ねから「達成感」や「充実感」を味わえることを目指した実践を紹介します。

## 2　授業改善のポイント

　肢体不自由を有する生徒が、校外で活動するためには、環境設定の工夫や個に応じた教材教具の活用、きめ細かい手立てが必要となります。本実践では、保育園で読み聞かせ会を行う活動だけではなく、絵本の読み聞かせ会を行うための準備や練習などの過程で個々の実態に必要な支援機器を教師間で明確にし、活用計画を立てることとしました。そうすることで、生徒各々が主体的に活動する場面が増え、他者の関わり合いの中で活動への意欲も高まり、教科の学習内容の理解も深まると考えました。

# ③ 実践

## （1）生徒の実態

**身体の動き**：運動機能の障害を有する生徒がほとんどで、上肢や下肢の可動域の範囲や筋緊張の度合いもそれぞれに違いがあり、個々に合わせた手立てが必要。

**興味関心**：生活経験が乏しく活動に対して受け身であることが多いため、授業でも主体的な活動につながるような場面設定が必要。

**人間関係**：他者への興味関心が薄く、自己の活動に集中しがちである。仲間と協力し活動することで他者への興味関心を広げ、相手のよさや頑張りに気づき、よりよい人間関係の形成へつなげられるような場面設定が必要。

## （2）ICTの活用計画

| 準備期間（練習） | ナレーション、キャラクター（iPad）、大型絵本の操作（iPad）効果音（Bluetoothスピーカー、iPad） |
|---|---|
| 読み聞かせ会 | ポータブルマイクシステム、ビデオカメラ |
| 反省（振り返り） | ビデオカメラ、TV、iPad |

## （3）指導の実際

### ① 準備期間（練習～リハーサルまで）

### ア）自身の目標を意識化する

授業のはじめにそれぞれの役割や目標を全体で確認し、自身で活動するためにはどのような支援機器をどう活用するかを練習のはじめに確認します。

**写真1　全体で役割を確認している様子**

#### ナレーションやキャラクターのセリフを担当する生徒

iPadを使用する生徒は、自分の癖や失敗しやすい点の確認を行います。また、プレゼンテーションソフトのKeynoteの機能や使用方法の確認を行い、トラブルがあっても落ち着いて対応できるように対処方法を自ら考えてシミュレーションを行います。

#### 効果音を担当する生徒

効果音を出す生徒は、シナリオ確認用のiPadと効果音を出すiPadの2台を使用しなければならないため、操作がより複雑になります。

#### 大型絵本の操作を担当する生徒

絵本のパーツがとても多いため、パーツを整理しておかなければなりません。自分が分かりやすいように工夫しながら、落ち着いて操作できるようにシミュレーションします。

### イ）自身の活動の記録を残す

ビデオ機能やメモ機器の活用。特にKeynoteのノート機能使って、失敗しやすい点や自身の考えを書き留めます。

### ウ）フィードバックする

　自らの癖や改善点を毎回の練習の中で意識します。同じ失敗を何度も繰り返すこともありますが、何回も練習を行うことで改善できています。

### ②　読み聞かせ会での活用

### ア）ナレーション・キャラクターの読み手

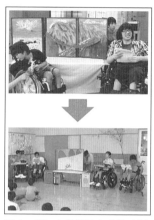

　大型絵本の読み聞かせを始めた頃は、シナリオを出力した紙を読み上げていたため、四肢機能の可動範囲に制限の多い生徒はページをめくったり、キャラクターを操作する作業が困難で、裏方の仕事になることがほとんどでした。しかしiPadの使用により、指や腕の可動域に制限のある生徒でも容易にシナリオを読むことができるようになったため、表に出て活動ができるようになりました。また、練習を重ねていくことで、教師の手を借りずに生徒のみで読み聞かせ会を行うことができるようになってきました。

図1　iPadを使用する前（上）と使用しているとき（下）の写真

　iPadにはAir Dropという機能がついており、Keynoteのデータを瞬時に無線で複数の機器に送信できるため、練習を行う過程で細やかな訂正を行っても容易にすべての機器（iPad）に反映することができるのでとても便利です。

図2　iPadに表示される画面全体（左）とセリフの文章の表示（右）

### イ）効果音

　効果音を担当する生徒は2台のiPadを使用し、1台はシナリオの確認を行うiPad、もう1台は効果音の入ったiPadの操作を行いました。2台同時に操作しなければならないので非常に複雑な作業になります。

写真2　iPadを2台使用している様子。保育園での実践（左）と練習風景（右）

　効果音は「ディクタフォン」というボイスレコーダーのアプリを使用しました。シンプルな画面で操作がとても簡単なので、生徒が容易に操作できていました。また、音の出力は無線でつながるBluetoothスピーカーを利用しました。充電式で小型ですが音量が大きく、広い場所でも活用できるのでとても便利です。

図3　ディクタフォンのアイコン（左）とアプリケーションの画面（右）

**ウ）絵本の操作**

　現在は、絵本の操作はiPadを使用していませんが、今後は活用していく予定です。絵本の操作だけでも作業量がとても多いことと読み手と息を合わせることが非常に難しいために何度も練習を重ねて実践を行う必要があります。

写真3　大型絵本の操作を
　　　　行っている様子

図4　全体的な情報機器の配置

## 4　授業改善の成果と課題

　本生活単元学習の取組では、支援機器を工夫することによって、絵本の読み聞かせの練習や保育園で行う読み聞かせ会の準備から運営・実施の一連の活動に直接携わることができました。そのことにより、授業の場面で各活動の意義を理解して積極的に自身の役割を担う等、意欲的に活動に取り組む姿も見られました。一方で、生徒間のコミュニケーションや言語活動の充実に向けた新しい支援具の開発や現在使用している道具や機器の改良を行うという課題も残されています。特に、生徒同士が対話や関わり合いを通して学びを深める学習活動をどのように設定していくかは、生徒数の少ない本校にとって大きな課題となっています。

## 5　まとめ

　主体的な深い学びを実現するためには、生徒の学びたい気持ちを大切にし、興味をもったときに学べる環境をつくることが大切であるとあらためて感じました。今後は、関係職員の更なる連携により課題の改善に向けた検討を行い、単元の特性を活かした、具体的な体験活動を通しての生活体験の拡大や社会への適応性が高められるよう指導体制の充実を図っていきたいです。

**コメント**

　　「大型絵本の読み聞かせ」という生徒にとってやりがいのある活動を、ICTを駆使して協同で実現した実践の紹介です。一人一人の特性や役割に応じた機器の選択、生徒が機器に習熟する過程、教師が調整する過程等が詳細に記述されており参考になります。今後、生徒一人一人の学びに焦点をあてた整理にも取り組んでほしいと思います。　　　　　　　　　　　　　　　（下山　直人）

|小学部・中学部・高等部|

# 子どもたちの言語能力を高める ICT 活用とは

## マルチメディア DAISY の活用

東京都立光明学園　主幹教諭　高澤　昇太郎・主任教諭　逵　　直美
（前 東京都立鹿本学園　主幹教諭）

Keywords　①マルチメディア DAISY　②聴く読書　③わいわい文庫　④伊藤忠記念財団

## 1　概要

　筆者は、複数の東京都立特別支援学校にてマルチメディアDAISY図書（以下、DAISY図書）の活用に取り組んできました。マルチメディアDAISY図書は音声データの他に画像データを同期させ、読み上げている部分の文字がハイライトされていくものです。今回使用したDAISY図書ではプロの劇団の方が録音されているので、聴いていてもとても魅力的なコンテンツです。DAISY図書の活用を図ることで児童生徒の言語能力を向上させることができたり、他の児童生徒との交流を深めることができたり、読書活動の幅が広がったりと、まさに「図書の宝箱」のような存在です。実践を紹介することで、より多くの特別支援学校をはじめとした読むことに難しさを感じている子どもたちに読書活動を広げるきっかけになれば嬉しいです。

　筆者のDAISY図書との出会いは、平成25年度の東京都立江戸川地区（仮称）特別支援学校開設準備室（後の東京都立鹿本学園）で開設準備業務にあたっていたときでした。学校図書館の担当となり、新しい鹿本学園の学校経営の柱に学校図書館の活用を通して児童生徒の言語能力の向上を図ることが盛り込まれました。開校前から母体校の都立江戸川特別支援学校と都立小岩特別支援学校の児童生徒を対象にDAISY図書が入ったタブレット端末や携帯型音楽プレーヤなどを貸し出し、保護者に事後アンケートをとり、どのような作品が好まれたか、また、今後読んでみたい作品などを調査するところから始めました。マルチメディアDAISY図書は、伊藤忠記念財団が全国の特別支援学校などに寄贈している「わいわい文庫」を活用しました。伊藤忠記念財団とはDAISY図書の活用について共同研究を行い、毎年の実践をわいわい文庫とともに届けられる「わいわい文庫活用術」の冊子で紹介させていただきました。アンケートや実際に教員が使ってみた感想を伊藤忠記念財団に伝えて、次年度以降のタイトルの選定、読書バリアフリー研究会での実践発表やDAISY図書の活用事例集「わいわい文庫活用術」で取組を紹介してきました。今回は、鹿本学園での実践と現在勤務している光明学園での実践を紹介します。さあ、みなさんもDAISY図書の世界に触れてみませんか？

# ② 実践のポイント

　DAISY図書の活用は学校内に限られたものではありません。読むことに困難がある方でしたら、わいわい文庫をインストールした端末を持って学校の外の家庭やスクールバスの中でも"聴く読書"を行うことができます。もちろん学校の中では、校内各所で使うことができるように携帯できる端末を持って活用したり、校内のネットワークサーバにDAISY図書を保管して校内の全教室からパソコンを用いて使うことができるようにしたりして身近な存在になるように工夫しました。休み時間に活用したり、授業の中で読み聞かせや音読の練習に使ったりすることもできます。それでもなかなか教員たちにはDAISY図書の活用が深まりません。そこで、司書教諭が中心となり、DAISY図書を教室に届けるキャラバン隊の活動を行い、活用すると良い効果があることを実際に教員に見てもらう活動を行ったりしながら、徐々に深めていきました。

## （1）鹿本学園での実践

### ① 給食前後や朝の学級活動での活用

　DAISY図書の活用を広めるために、司書教諭が「デイジーキャラバン隊」と名付けてパソコンと大型テレビを持って各教室を巡回し、教職員が給食を準備している間に児童生徒がDAISY図書を視聴したり、学級での朝の活動時間に児童生徒の課題に合った短い作品から10分を超える長めの作品まで視聴したりしました。肢体不自由教育部門では小中学部よりも高

**写真1　肢体不自由教育部門での活用事例**

等部の生徒では読書経験の豊かさから長めの作品でも集中して作品を視聴することができました。知的障害教育部門の小学部では特に、言葉のリズム感が良い作品、抑揚のはっきりした作品や繰り返しのあるものが好まれました。

### ② 在宅訪問学級での活用事例

　東京都の肢体不自由特別支援学校には障害の程度が重く、通学が難しい児童生徒のために在宅訪問学級が各校に設置されています。週3回1回2時間の授業の中でも読書活動に積極的に取り組んでいます。DAISY図書が入ったタブレット端末を教員が家庭に持って行き、読み聞かせを行い、その後、端末を2週間程度家庭に貸し出しを行って使用後にアンケートをとりました。訪問学級の保護者からは「一人で過ごすときに使いたい」「文字のハイライトがない紙芝居タイプの作品が増えると良い」などの意見があがりました。障害が重い子どもにとっては、文字のハイライトを見るよりも、紙芝居形式で絵を見ながら録音された作品を聴く方が落ち着いて見ていられることが多いことが実践を通して分かりました。

### ③　学習場面での活用

知的障害教育部門小学部の授業でDAISY図書を活用しました。東京都教育委員会では、知的障害特別支援学校の各教科等を合わせた指導として「社会性の学習」を設定しています。社会性の学習の時間に人との関わり方や人と関わることの良さを知り、コミュニケーション能力の向上を目指しました。友達とのやりとりや対人関係の能力向上ではDAISY図書を視聴する

写真２　知的障害教育部門での活用事例

場面で役割分担を行い、読み上げる音を消して活用して課題に合わせてハイライト部分を読んだり、読んでいるのを聞いて次の場面に移動の操作を行ったり、友達が読んだ部分で読み間違えがないかを確認したりして、他者の行動に合わせて自分がアクションを起こす経験ができました。

## （２）光明学園での実践

光明学園でも母体校である光明特別支援学校のときから、鹿本学園と同様に伊藤忠記念財団とDAISY図書の活用について共同研究を行い、読書バリアフリー研究会やわいわい文庫活用術で実践を紹介してきました。

### ①　地域に在住する高齢のボランティアとの交流活動

肢体不自由教育部門中学部の知的代替の教育課程で学習するグループで地域のボランティアセンターを通じて「英語を使ってご活躍されていたが、現在は車いす生活を送られている方で、学校で手伝えることはないだろうか」という問い合わせがあり、その方に英語で絵本の読み聞かせを行っていただくことにしました。その際にDAISY図書の「おおきなかぶ」を活用し、日本語の読み聞かせを行い、さらにボランティアによる英語による読み聞かせにも関心を向けて集中して聞くことができました。

### ②　「お話し宅急便」の実践

肢体不自由教育部門中学部の全ての教育課程の生徒が参加して学年活動の時間に取り組みました。学年活動の時間に全員でDAISY図書を視聴して他の生徒に紹介したい作品を選びました。係を決めて校内にアナウンスし、当日は司会者と作品を紹介する係の生徒が進行を行い、大型テレビでみんなが集まった場で視聴しました。他学年や他学部の児童生徒も集まり盛況でした。鹿本学園での実践とは異なり、児童生徒同士でお互いに選んだ図書を視聴することで交流を深めることができました。

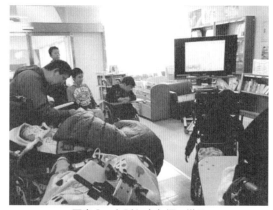

写真３　お話し宅急便の様子

### ③ 自分で本を読むことにつながる！

　肢体不自由教育部門高等部知的代替の教育課程の生徒の事例です。タブレット端末に入ったDAISY図書を休憩時間や端末を貸し出して自宅で視聴しました。歴史が好きでその分野の図書を選択して視聴しました。自分で本を読むことが難しい生徒がDAISY図書をきっかけに、自宅でも印刷された図書を読むことにチャレンジしようという気持ちになり、光明学園の戦

写真4　生徒が DAISY 図書を視聴する

争中の疎開の歴史が書かれた『あんずの木の下で』（小手鞠るい、2015年、原書房）を読むことにつながり、そこから感想文を自宅で書いて提出することにもつながりました。DAISY図書の活用で学びたいという思いが実現し、自己肯定感が高まりました。

## ③ マルチメディア DAISY 図書を活用した成果と課題

　マルチメディアDAISY図書は画像とともに読み上げる部分の文字をハイライトしながら、録音された音声（わいわい文庫では劇団の方）を聴くことができます。文字の読みにくさに課題がある方には文字のハイライトが有効です。音声で読み上げられた文字を追いながら読むことで文字や読みの習得につながります。障害が重い方で文字の導入期以前の方には、録音された音声を画像とともに楽しむことができます。わいわい文庫の作品の中には、絵本・文学作品だけではなく伊藤忠記念財団オリジナルの地域の話・乗り物・文化・趣味教養など様々なタイトルの作品があります。児童生徒一人一人の活用方法が考えられます。決まった使い方だけではなく、その子どもオリジナルの活用方法を見つけてください。

## ④ まとめ

　マルチメディアDAISY図書を発行している団体は複数ありますが、伊藤忠記念財団は全国的な展開をされていて、毎年特別支援学校を中心に寄贈する活動を行われています。現在、DAISY図書が届いていなければ、財団に直接連絡を取ってみてください。活用する仲間が増えれば、また新しい活用方法が生まれます。ぜひ情報交換をしていきましょう。

### コメント

　具体的な生活場面における DAISY 図書の活用方法等やその効果が分かりやすく明示されており、「さっそく使ってみよう」と思える事例です。今後の GIGA スクール構想と関連させながら、デジタル教科書とともに広く活用され、子供たちの学びを充実させるためのヒントとなる事例です。

（菅野　和彦）

| 中学部 | 「朝の活動」

# 23

# Scratchによる重度重複障がいのある生徒のための教材の作成

## 視線入力やスイッチ入力に適した教材作成の試み

大阪府立藤井寺支援学校　首席　織田　晃嘉

　①プログラミング　②視線入力　③スイッチ入力

## 1　概要

　プログラミング的学習のツールとして広く活用されているビジュアルプログラミング言語Scratchを用いて、重度重複障がいのある生徒が視線入力やスイッチ入力で活用するための教材を作成、活用した実践についての報告です。プログラミングの様々な命令を組み合わせることにより、従来の教材づくりでは難しかった設定を行うことが可能であり、テキストベースのプログラミング言語と比較すれば容易にプログラミングを実施することができるため、プログラミングを活用した教材作成をより身近なものにする可能性を有しています。

## 2　視線入力機器の活用と Scratch 活用の理由

### （1）視線入力機器の活用について

　本校では平成30年度に視線入力機器を導入し、個別の指導を中心に取組を進め、複数の児童生徒で見る力や因果関係の理解について向上が見られました。視線入力機器の活用においては課題に集中できる環境づくりを優先するため、個別での活動になりがちですが、見る力や因果関係の理解の次の段階である他者へ働きかける力の育成やコミュニケーション力の向上のためには集団を意識させる取組も必要になってくると考え、集団での授業場面で活用するための教材の作成を検討することとしました。

### （2）視線入力機器やスイッチでScratchによる教材を操作するにあたって

　今回、特にScratchを教材作成のツールとして選んだ理由としては、クリック等の入力のための動作を必要としない、マウスポインタの接触のみでの動作を設定することができることが最も大きいです。視線入力でのクリック等の決定のための動作には高度な操作が必要になりますが、重度重複障がいのある生徒には難易度が高いため、マウスポインタの接触のみでの操作が必須です。

　スイッチ入力で使用する場合には、従来の教材のように改造マウスでの利用を前提として作成しています。Scratchのプログラムの特性上、マウスのクリック以外の多様なキーに対

応した教材を作成することが可能ですが、機器の準備やこれまでの学習との引き継ぎを考えると、生徒が操作する部分に関しては左クリック（「マウスが押された」のブロックを使用）に対応させることが望ましいと考えています。

## ③ 実践

### （1）生徒の実態について

　本校中学部では火曜日・水曜日・金曜日の２時間目に「朝の活動」として、主に認知・コミュニケーション面に重点を置いた、集団による自立活動を行っています。令和元年度は中学部２年生・３年生（当時）の自立活動を主とする教育課程の生徒12名を１グループとして授業を実施しました。

　スイッチ入力に関しては、スイッチを押す意味を理解して自発的に押すことのできる生徒が多くいます。視線入力機器については、活用を進めている数名の生徒は、見ることで画面が変化することを理解し、操作可能となっています。

### （2）実践場面：視線入力機器やスイッチで電動水鉄砲を操作

　「朝の活動」の活動内容の一つとして、視線入力機器やスイッチを使って何らかの機器を操作して楽しむことを設定しました。視線入力機器を活用する場合、操作している生徒以外の生徒にとって何が起きているか分からないという側面があるので、外部の機器を動作させることによって活動を共有することとしました。いくつかの

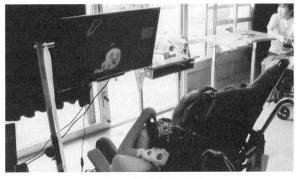

写真１　視線入力で操作

活動を行いましたが、今回は無線で電源の入力を行う乾電池型デバイスのMabeeeと水鉄砲を活用しての遊びについて取り上げます。

　水鉄砲を活用しての活動では「お化けをやっつける」というテーマを設定し、視線入力のチームとスイッチ入力のチームで同時に色水を発射し、どちらのチームの方が早く的を落とせるかを競いました。

　視線入力でMabeeeを操作するために、今回はScratchと連携させることでMabeeeを操作することができるMabeee-Desktopを用いました。ScratchはMabeee-Desktopと連携させるためにScratch1.4を使用しています。

　画面に白いお化けが静止しており、お化けを見ると、１秒間、お化けが大きくなって画面内を激しく動き回り、ランダムな位置で停止するようプログラムしました。お化けが動いている間にはMabeeeの電源が入るようにプログラムすることでMabeeeが入った電動水鉄砲の電源が入り、音と光とともに色水が発射され、的に当たるという設定で取組を進めました。

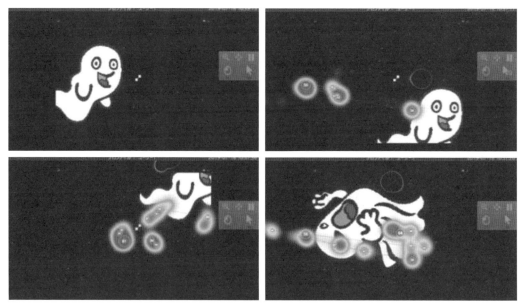

写真2　お化けを追視する様子

スイッチ入力ついては、iOS版アプリのMabeeeコントロールを使用し、スイッチコントロールで設定したジェスチャによって電源のオン・オフを行いました。

　黒い背景に白いお化けという視認性の高い画面構成にしたこともあり、多くの生徒がお化けを見ることができました。お化けが動き回った後の停止位置は端になりすぎないように乱数で設定しています。停止後も大きく位置が動かず、再びお化けが反応して動作を再開する場合も多いですが、大きく異なった位置に停止する場合もあります。位置が移動したお化けを探して画面内を捜索する動作や、お化けに向かって視点が移動していく様子が多くの生徒で見られました。

　また、電動水鉄砲から発せられる音と光が画面内のお化けの動きと連動しているため、視線入力機器での画面の変化と機器の動作の連携を認識しやすくなり、見ることによって操作していることの理解を促進することができました。

　以上のように視線入力でもスイッチ入力でも得意とする入力方法で同じ電動水鉄砲を動かし、ともに活動する環境を設定することによって生徒はより一体感をもって授業に参加することができました。

　なお、今回の実践では「マウスポインタに触れたら」のブロックを用いてお化けを見るとすぐにプログラムが動作するように設定しましたが、変数と「待つ」のブロックを組み合わせて用いれば設定された時間、注視し続けて動作させるという設定も可能です。

　今後の課題としては、操作感という面では視線入力機器よりスイッチの方が優れていること、画面を見て操作するという視線入力機器の性質上、操作対象である機器を見ながら視線入力装置も操作することが難しいため、機器や授業場面の設定に工夫が必要なことがあげられます。

## ❹　授業の成果

　重度重複障がいのある児童生徒は、認知面や身体面の困難さから外部への発信が分かりにくい場合が多く、過小評価されがちです。本実践では視線入力装置やスイッチを使用して生徒の発信を拡大することにより、「できた」「伝わった」という経験を積み、さらに積極的にコミュニケーションをとる意欲を育てることができました。一部の生徒は日常生活での身振りや発声による意思表示の頻度が増え、周囲の人間により伝わるように表現が明確になった例も見られました。

　プログラミングを活用して生徒の実態に柔軟に対応した教材を作成することにより、失敗体験やストレスが少ない環境で成功体験を積むことができたことは学習への意欲を高める要因となりました。視線入力機器やスイッチ入力の経験を積み、技能を高めることで、他の活動や授業での活用のより容易となり、スイッチ入力の有効性を理解した教員が授業で取り入れる例も見られました。

　さらに、視線入力やスイッチ入力を活用して生徒が自分で「できた」場面を多くの教員が見ることで、生徒への周囲の教員の評価を変えることもできました。周囲の期待や評価が高まり、生徒の学習やコミュニケーションへの意欲が高まると同時に、周囲の教員が生徒の可能性と能力を評価してより適切な課題設定を行うことが増え、生徒のさらなる発達に寄与することができました。

## ❺　まとめ

　Scratchを用いて視線入力やスイッチ入力で活用する教材を作成し、授業での活用を行いました。プログラミングを活用して教材を作成することにより、入力や動作の条件を詳細に設定でき、生徒の実態や授業の展開に合わせた教材作成が可能となりました。Scratchは従来のプログラミング言語と比較して、プログラミングの基本的な概念を理解する必要はありますが比較的簡易なプログラミング環境で、視線入力機器やスイッチのような支援機器との相性も良く、重度重複障がいのある生徒のための教材を作成する環境としては優れたものであることが確認されました。

### コメント

　支援機器を活用することに留まらず、活用して何ができるようになるかを見通しながらプログラミングを有効に活用した教材の工夫がよくわかる事例です。重度重複障害のある児童生徒の能力を最大限に伸ばすという教師の姿勢が、実践報告から随所に読み取れる実践です。

（菅野　和彦）

# 第 **3** 部

# 資料編

全肢研青森大会成果還元

秀逸レポート集

令和２年度　全肢研埼玉大会配布
全肢研青森大会成果還元　秀逸レポート集

# Ａｗａｒｄ２０２０

　全肢研「青森大会」の場では、主催者より成果還元レポートを広く募りましたところ、多数のエントリーがありました。改めて、積極的な参画に御礼申し上げます。

　今回応募いただいたレポートの中から、特に意欲を大いに刺激し、多様なヒントを与えてくれる「秀逸なレポート」を選定し、前回同様、その作成者に対して全肢長会から成果還元賞として、「Award2020」を贈呈するとともに、各校の皆さんに秀逸レポートの形でご紹介いたします。

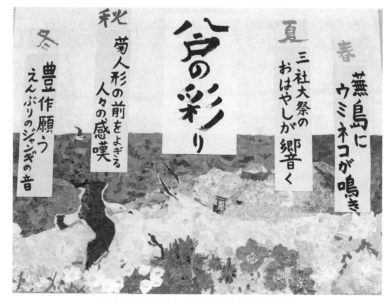

青森県立八戸第一養護学校玄関の装飾

# 秀逸レポート受賞者一覧

全国特別支援学校肢体不自由教育校長会

| No. | 青森大会参加時の所属校名 | 受賞者氏名 | レポートのタイトル |
| --- | --- | --- | --- |
| 1 | 北海道真駒内養護学校 | 齊藤　昌宏 | ＯＰＥＮ！８ＤＯＯＲＳ<br>「八戸」ということで … 私なりの想いを八つ |
| 2 | 北海道手稲養護学校 | 難波　繁 | 全肢研（青森大会）における深い学び |
| 3 | 北海道手稲養護学校 | 小田　亨 | 全肢研で得た　７つのキーワード |
| 4 | 北海道札幌市立豊成養護学校 | 佐藤　知世 | プロジェクトＫ　〜挑戦者たち〜 |
| 5 | 北海道函館養護学校 | 小島　貴人 | 令和元年度　全肢研青森大会成果還元レポート |
| 6 | 青森県立青森第一養護学校 | 間山　祥子 | 「分かってない」という事実を認めよう |
| 7 | 青森県立青森第一高等養護学校 | 上村　直威 | 第65回　全国肢体不自由教育研究協議会青森大会　成果還元レポート |
| 8 | 埼玉県立越谷特別支援学校 | 海老沢　ひとみ | 令和元年度　全肢研青森大会成果還元レポート |
| 9 | さいたま市立さくら草特別支援学校 | 佐藤　朱香 | 青森県発　埼玉県行還元レポート！ |
| 10 | 東京都立城北特別支援学校 | 山崎　彩果 | 全肢研おんでやんせ通信 |
| 11 | 東京都立城北特別支援学校 | 黒沢　典子 | 全肢研レポート |
| 12 | 東京都立光明学園 | 大山　衣絵 | 令和元年度　第65回　全国肢体不自由教育研究協議会＠青森県八戸市校内還元レポート |
| 13 | 東京都立光明学園 | 禿　嘉人 | 全肢研でみえた！　情報教育の課題 |
| 14 | 三重県立城山特別支援学校 | 山口　香 | 第65回　全国肢体不自由教育研究協議会＠八戸市 |
| 15 | 大阪府立藤井寺支援学校 | 織田　晃嘉 | 全肢研青森大会で得たこと・思ったこと |

第3部　資料編　秀逸レポート集

## 1　北海道真駒内養護学校　齊藤　昌宏

### 1　"魅せる"プレゼン力

全肢研会長、田村先生の、魅せる「挨拶」から、伝える力、プレゼンする力の重要性を再認識しました。私が感じたポイントは、①魅せる話し方。聞きとりやすいスピード、活舌、間をとり、わかりやすい言葉で。②魅せるパワーポイント資料。濃い背景に白文字、文字数少なく、文字大きく。一目でわかること。③魅せる語り口。笑顔で、視線は聴き手に。時間をかけて会場を見回しながら。原稿などは見ないで、語り掛けるように。指導でもこうありたいもの。

### 2　ポスター発表で、自分を鍛える

「学びに来ている教員の足を留められずして、どうして授業で子どもたちを惹きつけられようか？」とは、オープニングでの全肢研会長、田村先生の言葉です。発表はどれも、取り組んできた実践への自信と情熱が伝わってくる、熱い語り口。教育は、日々の研鑽と熱意が大切だ、ということを改めて感じました。全国から肢体不自由教育に真剣に取り組む仲間が集まる全肢研は、実践発表の場であるだけでなく、自分自身の「伝える力」を鍛錬する場としても最高の舞台です。若い先生方も、ぜひ積極的な参加を！と思いました。

### 3　気づく、比較する、考える

ポスター発表より。自立活動の指導の前後で、自分の体の状態の違いに気づく。それにより、今の状態と、過去とを比較できるようになる。そうなると、良くない状態の原因を自ら考えたり、改善しようとしたりするようになる。体の学習、自立活動の場面での実践発表でしたが、発表者の熱い語りとともに、児童が自己評価を自ら生かしていく過程について「なるほど！」と気づかされる発表でした。

### 4　アクティブラーニングの視点

主体的、対話的で深い学びを毎時間どう取り入れる？　目指すところはそこではなく、大切なのは、これら3つの視点から授業改善を図っていこう、という思考。子どもが目をキラキラさせながら、話し合いの中で考えをさらに深めていくような授業。過去の「素晴らしいなぁ」と思った授業には、概ねこのような視点が自然と取り入れられていた、と講話をされた菅野先生。主体的、対話的、深い、などの文字を追うのではなく、それによって子どもたちの毎時間の学びをどうしていきたいのか、という具体的な絵を描くことが大切なのかな、と考えています。

「八戸」ということで… 私なりの想いを八つ

## OPEN! 8 DOORS

参加させて下さった、そして不在の間、学校を支えて下さった、職員の皆さんに、心から感謝…。

令和元年度
全肢研青森大会
還流報告
北海道真駒内
養護学校
文責　齊藤昌宏

〜〜八戸の小窓〜〜
おいしいものいっぱいの八戸。中でも、せんべい汁と日本酒は絶品でした。

### 5　下山先生の講演から

講演の中から、いくつかの印象的な言葉を紹介。「子どもと向き合う。子どもが喜んだり、反応したり、いい表情をしたりすることを大切に、徹底的に（教材を作る）。」「医ケアのあるなしでなく、どこで学ぶのがその子のためになるかで、学校は選択されるべき。」「自立支援の場が学校。医ケアの体制が整わないために保護者が学校にいるということは、自立に繋がらない。」「医ケアによって、教育の可能性を広げている。」「自立活動は、調和的発達（社会の一員として、豊かに生きる）の基盤。」「なぜ各教科を学ぶのか。発達段階に応じて、見方、考え方を育てる。それにより、生活の豊かさを享受でき、生活の質が向上し、未知の問題を解決していく（力につながる）。」「安全、信頼、挑戦のある学校づくりを目指していこう。」下山先生の講演から、肢体不自由児、教育へのあふれるような深い愛情を感じました。

### 6　良い教育は、良い環境から

八戸第一養護学校を視察させていただいて…。第一印象。きれいな校舎。手入れが行き届いているのを感じました。次に、すてきな掲示物。児童生徒の作品やコメントの掲示から、学習の様子がよく見える。作業学習の掲示から、手順だけでなく、何を作っているか、担当が誰か、までよく見える。教室掲示から、子どもたち一人一人の目標が見える。そして、保護者に伝えたい思いがたくさんつまった、通信が見える。しかも、どれも丁寧にきちんと貼られていて、美しい。丁寧さ、美しさ。良い教育は、良い環境から。

### 7　作業から、仕事へ。学校から、社会へ。

見学させていただいた作業学習。紙すきの作業を参観しました。動きやすく、わかりやすく、整った、構造化された配置。タイムカードで、より社会参加、仕事を意識できそう。時間の見える化で、作業時間をみんなが意識。学習の最後には自己評価と、それに対する教員の、次へのやる気につながるような言葉掛け。作業学習の先に、仕事や、社会へのつながりが見えました。

### 8　成長に感謝

前任校で卒業した生徒と、八戸で偶然の再会。照れながらも自分の作業に集中しようとする姿に、6年間の成長を感じました。一緒に学んだ昔のことを、ずっと忘れずにいてくれたことに、心から感謝。こんなこともあるんですね。

### おわりに

指導の最先端と、肢体不自由教育の考え方への原点回帰。双方を改めて感じられた今回の全肢研。目的と手段を取り違えることなく、子どもたちの将来のよりよい社会参加に向けて…。精進あるのみ…。

## 2　北海道手稲養護学校　難波　繁

令和元年度　第65回全肢研青森大会　校内還元レポート

北海道手稲養護学校　主幹教諭　難波　繁
☎011-682-1722　E-mail 748156@hokkaido-c.ed.jp

> 令和元年11月13～15日に開催された全国肢体不自由研究協議会〈青森大会〉に参加しました。大会主題は、「肢体不自由の充実をとおした共生社会形成の推進」。14日は、八戸グランドホテルにて学習指導要領に関する文部科学省の講話、肢体不自由教育の現状と未来に関する記念講演、分科会とポスター発表が行われ、15日は、八戸第一養護学校において研究説明や公開授業が行われました。

13日：夕方
新千歳空港より
空路にて青森へ

・中学生の時は、青函連絡船
・高校生の時は、開通したばかりの青函トンネル
・今回は、初めての空路！

13日：夜
青森駅前に宿泊。前日に本校（札幌市手稲区）近郊にある札幌運転所で整備等をしていたJR東日本の周遊型臨時寝台列車「TRAIN SUITE 四季島」と青森駅で遭遇！

14日：早朝
青森駅より
青い森鉄道
にて八戸へ

八戸駅到着
JR八戸線に
乗り換えて、
本八戸駅へ

# 全肢研（青森大会）における深い学び

### 「学習指導要領の改訂と肢体不自由学校への期待」
文部科学省　菅野調査官の講話より

【カリキュラムマネジメント】
　教育課程に基づき組織的かつ計画的に各学校の教育活動の質の向上を図っていくこと。
○　教育の内容等を教科横断的な視点で組み立てる。
　・育成を目指す資質・能力を指導のねらいとして明確に設定していくことが必要である。
○　個別の指導計画の実施状況の評価と改善を、教育課程の教科と改善につなげていく。
　・学習評価の集約を踏まえ、年間指導計画等の単元や題材など、内容や時間のまとまりを検討する仕組みの工夫が大切である。

### 「肢体不自由学校教育の現状と未来」
筑波大学　下山教授の講演より

【社会につながる肢体不自由教育の創造】
○　個に応じた育成、横軸は無限
　・高木　憲次　整肢療護園を創設、
　　　　　　　　「療育」を提唱、
　　　　　　　　個性と能力に応じた育成
　・糸賀　一雄　重症心身障害児施設を創設、
　　　　　　　　「この子らを世の光に」、
　　　　　　　　横軸の発達は無限
○　社会とつながる教育を全国のネットワークを生かして
　・各学校等で、障がいの重い子供の各教科の指導内容や教材の蓄積をしていくことが大切である。
　・準ずる課程における遠隔授業については、学習環境の改善や教材研究等の充実が求められる。

### 分科会（第10分科会）「地域との連携」

○　支援ネットワークの構築
　・特別支援教育コーディネーターとしての重要な役割として、児童・生徒が、安心して授業を受けることのできる環境づくりのお手伝いをすること
○　地域の共生社会のために"＋α"が必要
　・個に応じた自己方略（支援機器やツール）や自己権利擁護を知る機会の"＋α"

〈ポスター発表〉
・それぞれの発表では、児童・生徒の育成すべき資質・能力を視点に、実践発表している様子が伺えた。
・ICTを活用した授業については、公開授業においても見られ、学校と地域、学校と学校を遠隔で結んで行う授業実践について学ぶことができた。

〈学校見学〉：青森県立八戸第一養護学校
・校舎見学と通して、学校全体がとてもきれいで大切に施設を活用しているように思われた。
・公開授業では、学習の見通しや振り返ったりする活動が取り入れられており、主体的に学ぶ態度を育む指導が行われているように思われた。

発見！　青森駅にて、りんご
ジュースだけの自動販売機⇒

八戸グランドホテル

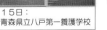

15日：
青森県立八戸第一養護学校

JR八戸駅より、新幹線（はやぶさ）に乗車し、新函館北斗へ

札幌到着

## 3　北海道手稲養護学校　小田　亨

令和元年度全肢研青森大会　成果還元レポート　　　　北海道手稲養護学校教諭　小田　　亨

　11月13日・14日に開催した全国肢体不自由教育研究協議会〈青森大会〉に参加しました。大会主題は「肢体不自由教育の充実を通した共生社会形成の推進」～カリキュラム・マネジメントによる質の高い教育実践をめざして～でした。大会の中では文部科学省講話、記念講演、ポスター発表、分科会、青森県立八戸第一養護学校の視察を通して、さまざまなことを学ぶことができました。私自身が感じたこと、学んだことの総括をキーワードごとに7つにまとめました。これから本校において考えて行きたい内容です。

# 全肢研で得た　7つのキーワード

★全肢研のつながり～人との出会いに感謝

　昨年度に引き続き、さまざまな方々に出会うことができました。とくに私が今までの教員生活の中でお世話になった方々との再会が多くありました。この広い空の下で、多くの仲間が子どもたちのために奮闘していると想像するだけで、肢体不自由教育の未来が明るくなる思いがしました。全国の仲間と再会し、刺激を受けることは大切であると感じました。

＊特総研での研修仲間と。今回は主幹校として運営の仕事をされていました。

★自立活動の視点で～下山校長先生の講演から

　「肢体不自由教育の現状と未来」について、さまざまな切り口から講演をお聞きしました。とくに印象に残っているのは、社会につながる肢体不自由教育の創造について、「個に応じた育成、横軸は無限」という高木憲次先生、糸賀一雄先生の言葉です。子どもたちの個性と能力に応じた育成のために全力を尽くそうと言った高木先生。発達とは上に伸びていくものだけではなく、横軸にも発達していくといった糸賀先生。そして、下山先生は教科で丁寧に横軸を作ることが大切であると述べられていました。不易と流行と言う言葉がありますが、先人の教えをつないで、伝えていく必要性を感じました。

★学習指導要領の改訂と肢体不自由学校への期待
　　　　　　　　　　　　　　～菅野調査官の講演から

　学習指導要領の改訂の意義と肢体不自由校との関連について講演をお聞きしました。本校では個別の指導計画と授業改善の関連を校内研究として扱っていますが、もう一歩踏み込んだ、教育課程の評価と改善につなげていくことで、教員一人一人が授業の根拠を語ることができるのではないかと感じました。本校が今後目指していきたい課題です。

★授業改善システムの活用～第一分科会の提言から

　分科会は第1分科会(授業改善)に参加しました。東京都立光明学園の「授業者支援システム」の導入の提案が印象に残りました。教員の質の向上をめざしながら、時間と人的負担の軽減（働き方改革）を行うシステムのお話で、多忙を極める本校においても、いかに効率的に効果的な研究・研修を行っていくか、考えるべき大事な視点であると感じました。本校でもエッセンスを取り入れていきたいと感じました。

★おもてなしの心を大切に
　　　　　　　～レセプションの運営から

　八戸第一養護学校の先生方のおもてなしの心に感銘を受けました。レセプションでは八戸のPRビデオ、伝統芸能の披露があり、全国から集まった先生方への歓迎の気持ちを感じました。本校も全道規模の研究会の運営が多いので、参考にしたいと感じました。

★効果的なプレゼンの方法
　　　　　　～ポスター発表から

　筑波大学付属桐が丘特別支援学校の先生のポスター発表が印象に残りました。ポスターの大きさや見やすさはもちろんですが、聞き手に分かりやすく伝えることが大事と感じました。桐が丘の先生は iPad で具体的な事例を提示しながら、難しい言葉は使わずに端的に説明されていました。視覚的に分かりやすく….プレゼンの方法として本校の先生にも伝えたい部分です。

★より丁寧に授業づくりを行うこと
　　　　～八戸第一養護学校の授業参観から

　まず校舎がとても綺麗で、子どもたちや先生方が、普段から丁寧に使っているのが分かりました。授業は全体的に丁寧に子どもたちに寄り添った指導をされており、改めてかかわりの重要性を感じました。とくに準ずる教育課程の子どもたちの授業においては、主体的・対話的な学びがされており、学びあいの中で、子どもたちの生き生きとした表情が印象的でした。またICT機器や自作の教材が充実していました。本校にも参考になるものでした。

　昨年度に引き続き、参加させていただきました。まずは授業の補欠の対応をしていただきながら、快く送り出してくれた先生方に感謝をいたしたいと思います。今、時代はめまぐるしく変わり、以前とは教師に求められることが質的にも量的にも大きく変わってきていると感じます。そうした中で本校の先生方は子どもたちのために日々奮闘をしています。働き方改革が叫ばれる中、今後は子どもたちの利益を最優先に考えながらも、効率的に業務を行うことが必要であると思います。ただ、根幹となる子どもたちに寄り添い、丁寧に指導を積み重ねていくことが大事であることは忘れずにいたいと、講演、分科会、授業参観を通して感じました。

令和元年　第65回全肢研青森大会　成果還元レポート　　　北海道札幌市立豊成養護学校教諭　佐藤 知世

## プロジェクトK〜挑戦者たち〜

現在豊成では2つのプロジェクト（FとC）が進行中です。プロジェクトK（個別の指導計画）は、H30年度の学校を上げての一大プロジェクトでした。

**Mission**

「自立活動の個別の指導計画」について、本校の次のステップとなる情報を全国の肢体不自由養護学校が集まる全肢研で入手せよ。

いざ「八戸」へ！
青森空港からはバスと電車を乗り継ぎます。

札幌↓

YouTube
『おんでやんせ八戸』
を検索してみてね☆

青森空港
←ここが「八戸」

### ★いきなり大収穫★
**記念講演　筑波大学教授　下山直人 氏**
　親に「えふりこぎ」したかった。「あと一匙」と無理してむせさせてしまった。自分が目を向けていたのは目の前の子どもではなく親だった。今回の全肢研で一番心に残っている言葉です。さらに、必要な**栄養**を経管で確保することが、体調が良い状態で、子どもの「食べたい」という気持ちをしっかりと汲んだ、**積極的な「食べることへの挑戦」**につながるという言葉は、今までにない新しい視点でした。本校では、関わる全ての人にとって安心安全な給食を目指したプロジェクトF（Food）が進行中です。今が「じょっぱり」時！目の前の子どもたちの笑顔のために頑張ろうと思いました。

### 第5分科会　自立活動
「自立活動の個別の指導計画の書式の改善」では
①学部・分掌を横断しての取組の難しさ。
②1人1人が主体者だという自覚をどうもたせるか。
が話題となりました。これから取り組む学校もあり、会議の時間や組織など新たに生みだすことへの課題があげられましたが、既存の**組織をつなげて生かす**という助言がありました。

**やってみませんか？**

全体交流はポスター発表形式で！
グループでの協議内容をポスター発表形式で交流することで、全グループの内容を解説付きで知ることができました。

### ポスター発表に初挑戦！
　Q個別の指導計画を変更する際の手順
　Q障がいの重い子にも教科の目標を設定するのか。（全児童生徒分を作成するのか）
　Q会議や研修の時間の捻出方法
　Q取り組みの中心となった人（分掌）は誰か等多くの質問がきました。
**個別の指導計画・課題関連図・教育課程**は、旬のワードで、本校の実践に興味関心を持ってくださる方が多くいました。これから実践する学校にとって良い情報になったようです。

ポスター作成・発表のコツ
・情報を絞る→相手が見たいと思える量
・話すターゲットを決める→周りはそれについてくる
・キーワードを貼る→足を止めるきっかけ

鹿児島県立皆与志養護学校　前岡教諭のポスター発表が大変参考になりました。
個人的には、分科会での発表よりも難しく、もっと上手になりたいという悔しい思いを味わいました。今年の冬休みの課題は、ポスター作りに決定！

### 学校公開　青森県立八戸第一養護学校

<小学部の授業から>
1時間の展開に仕組まれた大きな繰り返しと、一つの活動の中に仕組まれた小さな繰り返しが、じわじわと児童の心身にしみわたり、期待感が生まれ、自発的な活動（学び）に繋がる様子を目の当たりにしました。
　感覚を研ぎ澄ましてじっくり味わっているとき、そっと見守ることも重要なスキルだということを実感しました。

**作ってみませんか？**

「にじいろオーガンジー」
これなら、プレイバルーンの「バサッ」という大きな音が苦手な子どもでも楽しめます！！長いオーガンジーを縫い合わせて作ったそうです。
下に入って見上げ、ふわふわしている虹に「さわりた〜い」と手を伸ばす子どもの姿が思い浮かびませんか？
これは作るしかない！

**MissionComplete**

研究大会全体を通して、H30年度の本校の取組は素晴らしいものだということを実感しました。新様式を使う中で、使う側（担任）の声を聞きながら検証を続け、必要な部分は変更していくことが次のステップになります。同じような実践をしている全国の学校と情報交換しながら、よりよいものを追及していきましょう。

第3部　資料編　秀逸レポート集

5 北海道函館養護学校 小島 貴人

## 令和元年度 全肢研青森大会 成果還元レポート
北海道函館養護学校 教諭 小島 貴人

### 01 全肢研に参加

第65回全国肢体不自由教育研究協議会が11月14～15日の日程で開催されました。全国各地で肢体不自由教育を牽引している400名を超える先生方が、青森県八戸市に結集しました。令和という時代に、教員としての新たな知見や、児童生徒が安心して、主体的に学ぶことができる環境を作り上げていくため、全国の先生方の力を結集させ、一緒に学び刺激を受ける、大変貴重な機会となりました。

八戸第一養護学校 生徒玄関から撮影
高等部生徒作品「八戸の彩り」

### 02 講話

菅野調査官による学指導要領改訂、カリキュラム・マネジメント、自立活動等、特別支援教育の要となる内容について、講話をしていただきました。予測困難な未来に適応していく力を育てること、教科の目標の明確化、児童生徒の資質・能力の育成を目指すことの重要性について、考えを深めることができました。また、自校の課題や課題解決のための方向性について、同僚と共有し、考えていきたいです。

講話の様子

### 03 ポスター発表

ポスター発表は全66演題があり、会場は熱気に包まれていました。全国で活躍されている先生方の報告を聞き、発表し、顔が見える中で様々な交流をすることができました。文章で報告・還元したいところですが、ポスター発表については、是非とも実践をまとめて発表し、交流することをお勧めします。緊張の中で想像を超える多くの学び、気づき、モチベーションを得ることができると思います。「学ぶより、感じる」ことができました。

ポスター発表の様子

### 04 分科会（自立活動）

第5分科会の提案で、長崎県立長崎特別支援学校は、個別の教育支援計画と個別の指導計画の関連性を深め、改善を図っていくため、カリキュラム・マネジメント委員会（校長、教頭、学部主事、研究・自立活動・教務・進路指導部主任）の中で話し合い、書式改善に取り組んでいるそうです。1つの分掌では解決しにくい問題について、分掌同士の連携を実践している内容でした。視点を増やすことができた有意義な分科会でした。

第5分科会の様子

### 05 情報交換会

情報交換会では「えんぶりの舞い」を鑑賞しました。えんぶりの舞いは八戸市の伝統芸能で、豊作祈願が由来です。国の重要無形民俗文化財にも指定されています。その他にも、郷土料理の「せんべい汁」や地酒の「じょっぱり」を堪能しました。八戸第一養護学校の先生方とも交流し、思い出に残る素晴らしい情報交換会となりました。

せんべい汁

じょっぱり　　えんぶりの舞い

### 06 八戸第一養護学校

教室環境　　　　教材・教具展示

掲示物「青森県の
特産品を知ろう！」

小学部児童作品　　中学部生徒作品
「すいぞくかん」　　「蕪嶋島のジオラマ」

令和元年度全肢研青森大会　成果還元レポート
青森県立青森第一養護学校　教諭　間山祥子

## 「分かってない」という事実を認めよう

全体会講話

青森第一養護学校マスコットキャラクター
「いっちょん」

**外題学問　＜げだいがくもん＞**
うわべだけの学問をあざけっていう
語。書物の書名だけは知っているが、そ
の内容はよく知らないえせ学問のこと。
（三省堂新明解四字熟語辞典より）

菅野先生のお話は今年も分
かりやすく、一回聞くと学習
指導要領を最初から最後まで
読んだ気分になってしまいま
す。
　それじゃダメだ！帰ってか
らちゃんと読もう！

全体会記念講演

**因循姑息　＜いんじゅんこそく＞**
保守的で古いしきたりや方法に従ってそ
の場をごまかし、一向に改めようとしない
こと。消極的でぐずぐずと迷っているさ
ま。（三省堂新明解四字熟語辞典より）

障害の重い子どもの各教科
の指導・・・うまく考えられ
なくて目標を見失っていまし
たが、「『社会とのつながり』
の視点から改善できる」とい
うヒントを下山先生の資料に
発見しました。ぐずぐずして
いられない・・・早く子ども
たちに還元しなければ！

第7分科会

**一知半解　＜いっちはんかい＞**
知っているとはいえ、十分には理解し
ていないこと。（学研四字熟語辞典より）

「情報教育・支援機器の活用」
　道具はある、使い方を教えてくれる人
もいる、どうやら今の子どもにピッタリ
な教材だけど、この迷いは何なんだろ
う？目的を見失ってる？手段として用
いる為に教員が知っておくべきことは
何？分科会では同じ悩みを持っている
先生がチラホラ・・・自分の不勉強さが露
呈されてしまいました。自分が分かって
いないことを整理しておくべき。

あとは、勉強して覚えたこと
を同じチームの先生方とどう
やって共有するかです…。

青森第一養護学校マスコットキャラクター
「ブラックいっちょん」

## 7　青森県立青森第一高等養護学校　上村　直威

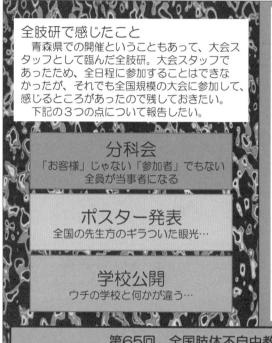

**全肢研で感じたこと**

　青森県での開催ということもあって、大会スタッフとして臨んだ全肢研。大会スタッフであったため、全日程に参加することはできなかったが、それでも全国規模の大会に参加して、感じるところがあったので残しておきたい。
　下記の3つの点について報告したい。

**分科会**
「お客様」じゃない「参加者」でもない
全員が当事者になる

**ポスター発表**
全国の先生方のギラついた眼光…

**学校公開**
ウチの学校と何かが違う…

**分科会**
「お客様」じゃない「参加者」でもない
全員が当事者になる

【第10分科会　地域との連携】
　全肢研に限らず、研究大会全般的に参加する時の心持ち次第では、お客様で終わってしまうこともあったり、なかったり…。夜のことやお土産のことが頭の半分以上を占めていたり、いなかったり…。
　しかし、今回の大会の分科会では、これまでなかった小グループに分かれての付箋を使った協議をおこない、参加者一人一人が前傾姿勢になれるような分科会を目指し、分科会前日、提案者、司会者の先生方と打合せをした。当初考えていた流れとは変更になった点もあったが、協議を効果的に進めるために先生方とじっくり話をすることができた。全国の先生方の考え方に直に触れることができた貴重な体験だった。
　当日の分科会は活発な意見の出し合いが見られ、運営の先生方とニヤニヤしてしまった。まさに、ねらい通りではあったものの、先生方の意識の高さに感嘆する分科会となった。

**第65回　全国肢体不自由教育研究協議会青森大会**
**成果還元レポート**
令和元年12月20日　青森県立青森第一高等養護学校　上村直威

**ポスター発表**
先生方のギラついた眼光…

　ポスター発表で「生徒のキャリア発達を支援するための授業づくりのために」という本校校内研究の現状を紹介した。
　分科会も活発ではあったが、ポスター発表は、なにせ、先生方との距離が近い。まなざしが痛い。こちらを見ていたり、作ってきたポスターを見ていたり…。質問してくださる先生がいたり、ポスターを一定時間にらみつけて、去って行ったり…。なかなか刺激的な時間だった。情熱的な場内アナウンスも、場の雰囲気に熱を加えていたように感じる。
　そんな中、ある南の方の県の先生が「本校と同じような取組をしている」と声を掛けてくださった。訛りも気にせず、お互いの取組状況や課題となっている点、これからの展望などを話し合うことができた。
　ポスター発表は、なかなか課題もあるかとは思うが、全く知らない土地の先生が自分たちと同じように感じ、同じような取組をされていることに勇気のわく体験ができた。

**学校公開**
ウチの学校と何かが違う…

　最終日は青森県立八戸第一養護学校の学校公開に参加した。バス添乗の大役を仰せつかり、全国の先生方と、移動中のわずかな交流もすることができた。先生方のノリがいいのにもびっくり。なるほど、さすが、各校ではリーダーの先生方なのだろうと勝手に納得していた。
　さて、八戸第一養護学校では、小学部から高等部までの児童生徒たちがそれぞれに、楽しそうに学習している様子が印象的であった。教室であったり、廊下であったり様々な場での学習を見学することができた。
　ふと、学校全体に明るさを感じた。気候・天候の違いだろうか、建物の採光の違いなのだろうか、窓の大きさ？電気の光量？などいろいろ考えたが、分からなかった。また、全国大会だし、見られているという意識があったにせよ、優しい、柔らかな雰囲気を感じた。本校は高等部のみの学校。公開校は小中高等部のある学校。はっきりとした答えが見つからぬまま、宿題を出されたような学校公開であった。

令和元年度　全肢研青森大会　成果還元レポート　　　埼玉県立越谷特別支援学校　教諭　海老沢ひとみ

青森県で開催された肢体不自由研究協議会に参加して講演では多くの情報を得て、分科会や学校見学（青森県立八戸第一養護学校）では、たくさんの先生方の実践から刺激を受け、パワーを充電してきました！私が得てきたことやこれから皆さんと一緒に考えていきたいことをお伝えします！

## こ ども達の将来の姿を

社会とのつながり

| バランスのとれた 調和的発達 |
| --- |
| 各教科（国語・算数等）、特別活動等 すべての子どもに共通の視点 学びの段階が異なるだけ |

| 調和的発達の基盤 |
| --- |
| 自立活動 障害による学習上の困難：個の視点 学びの中身が異なる |

こども達が学校を卒業した後、社会で豊かに生きるために必要な力を身につけられる授業づくりを実施しましょう！そのためには今一度、各教科と自立活動の役割を考えてみましょう。
　各教科の指導では『社会で豊かに生きるための力』を身につけることを目指すため類型Ⅳ（自立活動主）のこども達は基盤づくりの学習だけではなく各教科の学びが必要となりますね。

## し っかり見据えた指導の充実のため

＜各教科の指導における問題点＞

問題解決の方向性

類型Ⅰ Ⅱ…個々の習得状況に応じ指導が不十分 ── 習得状況の把握と学部間の連携

類型Ⅲ……各教科等を合わせた指導の時間が多い
　　　　　指導の系統性、学習評価が不十分 ── 各教科の指導目標・内容を明確にし、指導の効果を考えて教科別か合わせるかを設定する

類型Ⅳ……各教科の指導の位置づけが曖昧
　　　　　各教科の指導内容・方法、教材の蓄積が乏しい ── 各教科の指導を個別に検討する

## が っちりチームになって

教育支援プランB（個別の指導計画）に基づいて、こども達に『何が身についたか』という学習の成果を的確に捉えていきましょう。
教育支援プランBは評価を作成するためだけに終わらせるのではなく日課・年間指導計画・授業計画等の見直しと改善につなげていきましょう。そのためには、学習指導要領を参考にし、こども達に身につけて欲しい力は何か、どのような配慮・手だてを要するか等、教員間の情報共有が大切です！日頃からなんでも話せるチームになりましょう！！

## や っていこう！！

なぜ教科を学ぶのでしょうか？発達段階を踏まえた、見方・考え方を育てることで生活の豊かさの享受や生活の質の向上につながり、未知の問題解決ができる力を育むことにつながります。各教科の見方・考え方とは何か？を考えながら授業づくりを行いましょう！そのためにはこども達一人一人の障害特性や発達段階を把握することは不可欠ですね。各教科の指導を「社会とのつながり」の視点から考えて、学びの成果を卒業後につなげられる授業づくりをしていきましょう！

　青森大会で印象に残ったのは八戸第一養護学校の先生方のこども達への話しかけ方でした。どの先生方も表情も去ることながら、ゆっくりな口調でこども達に語りかけていました。こども達にとっても受け止めやすいだろうなぁと思いました。こども達と関わる際の原点を再確認することができました。青森大会で得てきたことは、まだたくさんありますが『 こ ども達の将来の姿を し っかり見据えた指導の充実のため が っちりチームになって や っていこう 』という気持ちになりました。社会で豊かに生きるために必要な力を育む『 こ・し・が・や 特別支援学校』を共に作り上げていきましょう！！

## 9　さいたま市立さくら草特別支援学校　佐藤　朱香

令和元年度　第65回全肢研青森大会　成果還元レポート　さいたま市立さくら草特別支援学校　佐藤朱香

青森県発　埼玉県行　還元レポート！

> 　先日11月13日～15日に開催された「第65回全国肢体不自由教育研究協議会 青森大会」に２日間参加させていただきました。大会主題には「肢体不自由教育の充実をとおした共生社会形成の推進～カリキュラム・マネジメントによる質の高い教育実践をめざして～」が掲げられ、全体会から学校公開まで、全ての時間が全国から集まった先生方と多くの情報を共有できる濃密なひと時でした。その全てをお伝えすることは難しいですが、児童生徒の今後の学びに向けて、そして来たる来年度の埼玉大会開催に向けて、さくら草に還元していきたいことをレポートにまとめて報告させていただきます。
> 　この度は校内体制が大変忙しい中、大会に参加させていただき誠にありがとうございました。

☆全肢研で学んだ４つのポイント　～「は・ち・の・へ」に乗せて～

**は**　ちのへに　全国各地から大集合
　全体会では菅野先生、下山先生から講演をいただきました。４月からの全面実施に向け、今一度、新学習指導要領改訂の主旨を押さえ、「何ができるようになるか、何を学ぶか、どのように学ぶか」という観点から、日々の授業が何を根拠に構成され、何をねらっているのかを考え、地道に繰り返し授業改善を行うことの重要性を再認識しました。

**ち**　一むごとに　熱い協議の分科会
　分科会ではワークショップ形式が取り入れられ、全国各地の先生方と模造紙が付箋だらけになるほど活発に意見を出し合いながら協議を行いました。北は北海道、南は香川県まで様々な地域からの意見が出され、指導の本質はもちろんのこと、地域性も踏まえて児童生徒の学びを考えていくことの大切さを改めて実感しました。

**の**　きを連ねる　傑作ポスターたち
　ポスター発表では、10のテーマごとに各校の手掛ける実践をまとめた素晴らしいポスターが会場に溢れていました。特に、今回の副題にも示されている「カリキュラム・マネジメント」や「教育課程の運用」に関する発表には多くの人が集まり、全国的に関心が高まっていることが伺えました。本校でもいただいた情報を回覧しますので、ご一読ください。

**へ**　いじょう授業を　毎日を大切に
　学校公開では、青森県立八戸第一養護学校さんへ伺いました。全国から参観者が来る特別な場でしたが、児童生徒も教職員も落ち着いていて、普段の学校の取り組みの良さを見せてくださいました。特別な場に特別に備えるのではなく、日々の実践を丁寧に積み重ね、他校の学びに還元できる学校公開、本校も実現しましょう！

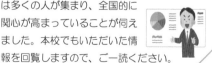

# 全肢研おんでやんせ通信

都立城北特別支援学校
山崎　彩果

おんでやんせ～

　令和元年11月13日（水）～15日（金）に開催された、第65回全国肢体不自由研究協議会＜青森大会＞に参加してきました。現場を離れ、この貴重な機会を経験させていただいたことへの感謝の気持ちを「還元レポート」として、この通信を発行します。年次も浅く教員としてまだまだ未熟ではありますが、城北特別支援学校として最後のレポートとなることに責任をもち、沢山のことを吸収できる今だからこそ感じ取り、得たこと、還元したいことを私の心の声とともにお伝えします。

## 全体会　～カリキュラム・マネジメント～

　文部科学省講話では、菅野和彦調査官が「学習指導要領改訂の方向性」について分かりやすくお話してくださいました。その中で、個別の指導計画の実施状況の評価と改善、それを教育課程の評価と改善につなげることが重要であるといった内容がありました。学習指導要領や教育課程については、難しく受け止めがちですが、この講話を聴き、自分で資料を読み返すことで少しずつ、理解することができてきました。

　～☆2年次の研究授業後、北山校長が「学校教育目標を実現するために年間指導計画を組み立てることが大事」「授業ももちろん大切だけど、今後は教科の系統性を考えた年間指導計画を作成していってほしい」とお話してくださったなぁ。個別指導計画の評価・改善はまだまだできていないから、しっかり取り組もう！まだまだ分からないことばかりだけど、学校教育目標と新学習指導要領を照らし合わせて、年間指導計画の検討をするのは自分にもできそう。☆～

## ポスター発表

　大賑わいのポスター発表会場。まさに熱意の塊！という感じでした。「グループの児童にもやってみたい！」「難しそうだけど…取り組んでみたい！」が溢れていました。

　～☆東京都立大泉特別支援学校　田中美成先生の「校内人材活用表」これがあったら、あまり話す機会がない教職員とも話すきっかけになるかも。私なら、習字を16年、ピアノを21年やっていたことを申告するかなぁ。☆～

## 第5分科会　自立活動

　広島特別支援学校は「IICEモデル」の流れを活用し自立活動の指導内容を設定、課題関連図を用いて課題を整理し、指導の優先順位を決めて取り組んでいました。

　～☆適切な目標設定、課題や取り組む内容など、城北の頼れる自立活動部の先生方に相談・情報共有しながらより効果的な指導を考えていこう！☆～

　長崎特別支援学校は、「カリキュラム・マネジメント推進委員会」を立ち上げ、個別の指導計画の書式を改善。「3年後までに身につけてほしい力」を記載する欄を設けることで、目指す姿を見据えた課題整理、学校教育目標と自立活動の目標のつながりができました。

　～☆少し先の将来を見据えるって大事だなぁ。城北の「キャリア支援マップ」を活用しよう！☆～

## 八戸第一養護学校　公開授業

　校舎は平屋建てで、廊下は広々！教室は広くはないのですが、暖かい日差しが入り児童・生徒が過ごしやすそうな環境でした。授業では、児童の実態に合わせて電気を消して明るさを調節するなど、活動しやすく集中しやすい環境づくりがされていました。

　～☆城北は教室が広くて恵まれているなぁ。広ければいいというわけではなく、工夫次第で学習がより効果的になるんだろうなぁ。児童が見やすく、集中しやすい環境設定を考えよう。☆～

第3部｜資料編｜秀逸レポート集

11 東京都立城北特別支援学校 黒沢 典子

# 全肢研レポート

東京都立城北特別支援学校 黒沢典子

令和元年11月14日、15日に開催した全国肢体不自由研究協議会〈青森大会〉に参加しました。
全体講演から始まり、分科会、ポスター発表、学校見学と情報が満載でした。その中でも印象的だった
ICT機器の活用についてまとめました。これからの指導に役立てていきたいです。

## その1「自分と同世代の人が開発！驚きのロボット誕生！」 驚き度

ポスター発表では、東京都立光明学園が紹介した「分身ロボット OriHime」
「OriHime」とは・・・移動の制約を克服し、「教室にいる」ようなコミュニケーションを実現できるロボット（引用オリィ研究所HP）
ポイント①操作が簡単！電源に繋げるだけ！どの世代にも優しい！
ポイント②可愛いデザイン！喜怒哀楽様々に見えてくる能面を参考にして作られたデザイン！
ポイント③豊かな感情表現！登録されたモーションと自由に動く腕で感情を伝えられる！

実際に使用している動画も拝見しましたが、遠隔でかくれんぼをしていました。
パソコンを操作し、OriHimeの視線や首の角度を変え、教室中を見渡し、相手を探していました。そしてスピーカーを通して音声でのやり取りもできます。相手との距離を感じさせない画期的なロボットです。

## その2「時代の進化！FaceTimeを利用した遠隔授業！」 参考度

青森県立八戸第一養護学校では、東京都立光明学園と鹿本学園と遠隔授業を行っていました。
この日の授業は「地元の名産物を紹介しよう」。実際にその様子を見ましたが、相手の顔を見ながら名産物の作り方を伝え、それに対するクイズを出題していました。普段学習している友達以外との交流は、児童・生徒にとってとても貴重で素晴らしい経験になることを知りました。

## その3「遠隔授業に必要なものは！？」 重要度

遠隔授業をやってみたい！と思っても一人ではできません。実現するには"全国の人脈"が必要です。
今回の青森大会では、各地域から年齢、専門教科、役職様々な教員が集結しました。ここでの出会いを大切にしたいと思い、積極的にコミュニケーションをとらせていただきました。そして関西の先生と青森の美味しいお寿司を一緒に食べ、お近づきになることができました。全肢研に参加しなかったら得られなかった財産です。このご縁を大切に、そしてこれからも全国にネットワークを広げていき、遠隔授業の実現の他、授業のアイディアやアドバイスをいただきながら、今後の指導に活かしていきたいです。

## 12　東京都立光明学園　大山　衣絵

### 令和元年度　第65回　全国肢体不自由教育研究協議会＠青森県八戸市　校内還元レポート

東京都立光明学園　主幹教諭　大山　衣絵

**青森大会　概要**
日時：令和元年11月11日(水)〜13日(金)
内容：記念講演、講話、分科会、ポスター発表、学校見学等、
＜今年度のハッと！＞分科会協議で6人程度のグループに！
　①参加者一人一人の発言の機会の確保
　②分科会協議として、成果を残すこと

**講話より　菅野和彦先生**（文部科学省初等中等教育局特別支援教育課　特別支援教育調査官）
　個別指導計画と教育課程がつながっているか、という視点で各校が新学習指導要領を見直すことが大切。各教科等でどういうことを育成するのか、教育課程全体で見据えること。

**青森に感謝！　おもてなしの心＝敬意**
　大会の進行や運営が円滑に行われた。参加者の動きを最小限に抑えた動線や無理のないタイムテーブルに、学び合いに来ているということへの敬意を感じる。それが、おもてなしの心。
　本校の全国研究会で、学びに来た仲間にどのように敬意を表せるか、環境を整えてお迎えする意義を改めて考える機会となった。

**記念講演より　下山　直人先生**（筑波大学教授）
　子どもから学ぶ実践の積み重ねをしていくこと。
　1　医療と教育のより緊密な連携が必要
　2　社会につながる肢体不自由教育の創造

**分科会で白熱！　発表内容「人工呼吸器管理モデル事業の取組と指導及び医療的ケアを導入する他種別校への支援」**
　本校の人工呼吸器の管理モデル事業の取組を発表した。
　安全を担保しながら、保護者の自宅待機まで進めた道のりを説明した。

＜発表後の班別協議の成果＞

　人工呼吸器の対応について校内で組織的に

進めるには「校内研修」と「緊急時対応訓練」が必須！

飯野順子先生（助言者）より、医療的ケアの原点　半歩先の発想！を。

『「人工呼吸器の児童・生徒の保護者が離れることで得る**教育的意義**」とは、医療機関ではない、**学校で行う医療的ケアの意義そのものである。**』と御助言をいただく。

教職員の協力体制が素晴らしいですね。

**ポスター発表　プレゼン大会**
**よりインパクトのあるプレゼン、内容が盛りだくさんのプレゼン**
　「みんなちがってみんないい！」自校の強みを積極的に伝える。清々しいアピールばかり！

ハッと！①看護師の役割
　奈良県立明日香特別支援学校では、看護師が教員として採用され、校内の医療的ケアに関する文書や研修を専任で行う。ところ変われば、制度も違う！強みを生かした校内体制！

ハッと！②防災教育
　宮崎県立清武せいりゅう支援学校の実践。学校が福祉ゾーン一帯の中にあり、福祉避難所として、福祉サービス事業所やスクールバス運営会社と定例で連絡会等を行っている。
　避難所のレイアウトまであった。すごい！本校でも区や至近の施設と連携を図る！

**学校見学＠青森県立八戸第一養護学校**
ハッと！①3校の友だちと同時に授業！
　遠隔授業！肢体不自由教育部門小学部の児童の顔が画面の先にありました。全国に仲間がいて切磋琢磨できることを実感！青森から元気な姿を見ることができ、感動！顔色等も見え、体調確認もできそうな精度のよい画質でした。
　遠隔授業をとおして、児童・生徒が、テレワークという働き方のイメージをもつ機会となるよう指導を積み重ねていく。

ハッと！②医療機関が隣接！
　医療機関そのものが東京ほど多くない地方では、学校が廊下一本で医療機関につながっていたり、隣接していたりすることが多い。医療的ケアの体制等も各都道府県の自治体による。
　緊急時は廊下一本で医師のいるところへ搬送できるため、搬送方法もより連携が必要となる。本校も搬送先と連携を強化する！

学校の廊下の先は「はまなす医療センター」。

バトンは青森から**埼玉**へ。

第3部　資料編　秀逸レポート集

13　東京都立光明学園　禿　嘉人

令和元年度全肢研青森大会　校内還元レポート

## 全肢研でみえた！
# 情報教育の課題

**3分報告**

東京都立光明学園　禿　嘉人

### はじめに

11月13日〜15日に開催された全肢研青森大会に参加させていただきました。「肢体不自由教育の充実をとおした共生社会形成の推進」〜カリキュラム・マネジメントによる質の高い教育実践をめざして〜という大会主題で、全体会、10のテーマに分かれての分科会、ポスター発表、青森県立八戸第一養護学校の公開授業見学など盛りだくさんの内容でした。

大会を通した概要は他の先生方が報告して下さる予定ですので、私は情報教育・支援機器を中心にレポートいたします。

### ポスター発表レポート

「情報教育支援機器の活用」分科会で、最も目に付いたテーマは、「遠隔授業」です。こちらでは、10のポスター発表があったのですが、内容の内訳は、遠隔授業5、視線入力1、プログラミング1、環境整備2、コミュニケーション支援1でした（分類は禿が判断）。多くの学校が、遠隔授業を課題と捉えていることが分かります。

私も「在宅訪問教育におけるICT機器を活用した遠隔授業〜分身ロボットOrihimeを用いた遠隔授業〜」と題したポスター発表をさせていただきました（右の写真）。遠隔教育だけでなく、ロボットを使った利点や導入方法などについて、たくさんの御質問をいただきました。

### 現地で感じた遠隔授業のコツ

青森県立八戸第一養護学校では、本校と鹿本学園の三拠点での公開遠隔授業を見学いたしました。肢体不自由特別支援学校で三校を接続した遠隔授業の事例は多くないと思います。授業を参観して、参考になることが多くありましたので、まとめてみたいと思います。

#### コツその1：事前準備

手持ちカメラで分かりやすく

以前に比べて、気軽にビデオ通信できますが、安定性はまだまだの様です。今回の実践でも通信が途切れてしまうときがありました。

このようなときに、授業を止めてしまうことがないよう、各校単独でも進行ができるようにしておく必要があるように感じました。

今回の授業では、その点もバッチリでした。

#### コツその2：映像の工夫

現状の画質では、子どもたちに分かりやすく伝えるために、背景を無地の単色にして、人をはっきりと見やすくする工夫や大きくゆっくりした動作で相手校に伝えるなどの配慮が必要です。

また、場面によって、カメラを手持ちにすることも子どもたちを授業に引き込むコツだと感じました。

環境を整備して人が目立つように

#### コツその3：交流の場面

光明学園側での授業の様子

自信をもってカメラの前で発表する子どもを見て、やはり、遠隔授業の醍醐味は子ども同士の交流活動だと感じました。画面を通して相手校の児童と交流することで、自分の力をしっかりと出し切ることができたようでした。こうした時間をしっかりと取る授業作りも、遠隔授業に求められると思いました。

より詳しいことを知りたい方は、気軽にお声掛けください！

**青**森へ行くのも「全肢研」に参加するのも人生初。新幹線を乗り継いで降り立った八戸で、三日間にわたって行われた第65回大会は、私にとって『肢体不自由教育の熱いひろがり』を感じさせるものでした。

　思うに教職員の間では、全肢研は特別な大会で、まず参加する教員は周りのバックアップなくしては行けません。全国の優れた取組がレポートやポスターとして発表され、参加者どうしが議論し、自校の取組への新たな視点やヒントを得て、帰校したらその学びを子どもたちのために生かす。このサイクルがしっかりと定着し

ており、だからこそ、成果還元レポートを作成し校内で共有する責任があるのです。

**充**実したレポートや熱気にあふれる（事実、熱気にあてられて早めに退室しました。ｽﾐﾏｾﾝ）ポスター発表で私が思ったのは、子どもたち一人ひとりの状況は異なっていても、共通の課題を抱え、子どもたちの明日に向け取り組む仲間がいるのだと実感できるということでした。

**初**日の校長会・研究協議会では、文科省調査官・菅野先生のお話はもとより、長年特別支援学校の経営にあたって来られた先輩校長先生方のお話を聞かせていただきました。新目先生（秋田きらり）は危機管理やマネジメントの力に加え、学校経営方針を明確にし、すべての教職員に校長の思いが届くよう心を砕いておられました。

田村先生（東京・光明学園）は「魅力ある学校づくり1000日プラン」の中で、改革は何のためかという絶え間ない問いと、改革によって子どもた

ちだけでなく教師も力をつけていかなければならないとお考えでした。

**肢**体不自由特別支援学校の校長を4月に拝命し、「ジカツ？イケア？キセツ？」などと周りに尋ねてばかりだった頃から半年。おぼろげながら目指す学校像である『子どもたちの笑顔があふれ、豊かな学びができ、生活力が高まる学校』をどのようにクリエイトしていくかが見えつつあります。八戸第一養護学校の上に広がっていた青空が、めざす高みそのものであるかのように思えた最終日でした。

　　三重県立城山特別支援学校　校長　山口　香
　　第65回全国肢体不自由教育研究協議会
　　　　　　　　　　＠八戸市　2019.11.13〜15

## 15　大阪府立藤井寺支援学校　織田　晃嘉

大阪府　藤井寺支援学校　首席　織田晃嘉

# 全肢研青森大会で得たこと・思ったこと

全肢研青森大会には「これからを考える（学校運営の課題解決へのヒント）」「これまでをふりかえる（分科会での実践報告）」を自分の課題として設定して参加してきました。

## これからを考える（学校運営の課題解決へのヒント）

首席（主幹教諭）として取り組んでいる課題の中でも「新学習指導要領に対応した教育課程の編成」「新しい研修体制の整備」の二つが重点課題と思っています。菅野調査官の講話から得たヒントで、今後の方向性や国レベルの大きな流れでの位置づけについて整理することができました。

### 教育課程の編成

障がいの重い児童生徒だからこそ「学習する子どもの視点」からの教育課程が必要であると思いを新たにしました

### 研修体制の整備

「主体的・対話的で深い学び」の実現にはその視点に立った授業改善に取り組むこと、指導と評価の一体化には指導への評価も不可欠であることを念頭に新しい研体制を考えていきたいです

## これまでをふりかえる（分科会での実践報告）

第７分科会「情報教育・支援機器の活用」で「Scratch による特別支援学校向け教材の作成　〜視線入力やスイッチ入力に適した教材作成の試み〜」という内容で分科会提案をさせていただきました。提案内容は生徒の主体性な活動、因果関係の理解の向上に力点を置いたつもりですが、内容を詰め込み過ぎたこともあり、まとまりが悪かったことが反省です。

分科会としては同じく提案をされた北村京子先生（三重県立度会特別支援学校）と「機器ありきではなく、児童生徒主体の取り組みを」という基本線を共有して提案に臨めたので心強かったです。実践をまとめ、全国の先生方に聞いていただくことで実践の目的や今度の方向性などを再確認することもできました。生徒たちのためにさらに内容をブラッシュアップしていきたいです。

研究協議はワークショップ形式でした
貴重な意見や激励を多くいただきました

調査官講話や分科会以外に、ここに載せなかった記念講演、ポスター発表や八戸第一養護学校での学校見学でも今後のヒントなるような実践や情報を得ることができました。青森に出発するまでは行き詰まっている感覚も正直あったのですが、全国の先生方との交流で次に向けて頑張っていく勇気もいただきました。皆さんもぜひ来年の埼玉大会に参加して学びを深めていただければと思います。

# 全肢研「埼玉大会」にご参加の皆様へ

## 成果還元の呼びかけ～感謝を込めて～

　今年度の全肢研大会埼玉大会は、新型コロナウイルス感染拡大の影響を受け、急遽、Web開催という形での実施となりました。全国から多くの方が会場に集まって顔を合わせ、言葉を交わす中で実施する従来の形が、同じ肢体不自由教育を志す多くの人と人をつなぐ大切な役割を果たしていたことを改めて認識するとともに、埼玉アリーナでの開催からWeb開催に途中で切り替えて、その準備にご尽力いただいた主管地区埼玉県の関係者の皆様の御苦労に対し、改めて感謝の思いを強くするところであります。

　このような状況の中、全国各地で肢体不自由教育を牽引するトップリーダーの皆様が、この教育を更に充実させようと、Web開催埼玉大会に結集してくださいました。厚く御礼を申し上げます。皆様が伝統ある本大会に学校代表として参加できたことは教員人生として大きな名誉でしょう。しかしながら、大会参加は到達点ではなく出発点であることを改めてお伝えしたいのです。大会で得た刺激・情報・知見はあなただけのものでありません。なぜなら、あなたが参加するために、学校では同僚が指導の最前線を支えてくれているからです。

　2年前に、田村前会長の発案で初の試みとしてスタートした成果還元レポートも2年目の青森大会では応募数が大幅に増加し、成果の共有への関心と期待の大きさがうかがえます。今回はWeb開催という異例のスタイルでの開催となりましたが、積み重ねてきた肢体不自由教育発展の歩みをできるだけ止めないため、前回同様に、成果還元レポートを全国の参加者から募集することといたしました。

　大会を通じて全国の発表に触れ、あなたがどのような成果を得たのか、その成果をどのようにしたら、あなたの学校で具体的に活かすことができるのか、大会参加後に、埼玉からの帰りの機中・車中にいる気分で、まとめてみてください。絵コンテを描きながら知恵を絞ってください。これはきっと楽しくクリエイティブなワークとなることでしょう。文字ぎっしりの時系列の報告書は全く求めてはいません。同僚や若手に何を伝え、どこを揺さぶるのか。伝え手はあなた自身なのです。御自身が自由にデザインした成果還元レポートをぜひ校内で配ってみてください。Ａ４判１枚で構いません。自主報告会もしてみましょう。それが送り出してくれた職場への真の感謝となるはずです。

　全国各校でどのような成果還元レポートが配られるのでしょうか。埼玉大会でもこのレポートを広く募集します。ぜひ、次項の募集要項に従い、専用アドレス宛にお送りください。「きらりと光る」「これは校内に響くはず！」「すごく分かりやすい！」「これなら校内が動き出す！」等、主催者側で選りすぐった上で、「成果還元秀逸レポート集」として今後の全肢長会総会や全肢研大会等で全参加者にお配りするとともに、埼玉大会を支えてくださった皆様への感謝といたします。

　では、皆さんの次を担う貴校のトップリーダーと来年秋、全肢研「富山大会」でお会いできることを楽しみにしています。

令和2年12月

全国特別支援学校肢体不自由教育校長会会長　諏訪　肇

## 埼玉大会（Web開催）成果還元レポートの募集について

　青森大会に引き続き、全肢研大会の成果の一層の還元・波及を図るため、「成果還元レポート2021」の募集を行います。多くのご応募をお待ちしています（任意協力のお願いです）。

① **内容**　大会参加者自身が自由にデザインした成果還元レポート

② **規定**　・Ａ４片面又は両面（２ページ）以内
　　　　　　・Word、PowerPoint、PDFいずれかの保存形式を使用
　　　　　　・ファイル名は、「還元：埼玉令和特諏訪.doc」のように、還元＋県名＋校名＋氏名で構成

③ **応募方法**　下記アドレス宛にデータ添付でお送りください。
　　　　　　　　　Ｅメールアドレス：zenshi.kangenrepo@gmail.com
　　　　　　（メールタイトル）「成果還元レポート：○○県立○○特別支援学校、□□□□」とする。
　　　　　　（メール本文）　　本文に、以下の内容を記入
　　　　　　❶所属校：○○県立○○支援学校
　　　　　　❷職名：△△
　　　　　　❸氏名：□□□□
　　　　　　❹所属等の電話番号：0000000
　　　　　　❺作成者宛の連絡用メールアドレス：****@****
　　　　　　❻コメント欄　※記載は任意（作成意図、反響、感想、他）

④ **送付期日**　令和３年３月１５日（月）必着

⑤ **表彰等**　送付いただいた全レポートを全肢長役員会で拝見させていただき、特に秀逸な成果還元レポートについては成果還元賞を贈呈するとともに、冊子にまとめて会員校に配布とします。
　　　　　　さらに、Web上や印刷物上でご紹介する場合があります。

⑤ **作成上の注意事項**
・作成者以外の肖像や氏名など個人情報を掲載する場合には事前に承諾を得た上で、その旨をコメント欄にご記載ください。それが難しい場合には個人が特定できないようにするための画像加工や文章表現を工夫してください。
・イラストを使用する場合は、自作のもの、使用許諾を得たもの、フリー使用可能なことが確認済みのもの以外の使用はお避けください。
・参加者複数での共同作成応募はできません。個人応募限定です。
・応募レポートが受賞対象となった場合、Web上や印刷物において会員他の方にも公開される場合があります。応募にあたってはあらかじめご了解ください。

<全国特別支援学校肢体不自由校長会事務局　全肢研大会成果還元担当>

## 監修・編集委員一覧

### 監　　修

菅野　和彦　　文部科学省初等中等教育局特別支援教育課特別支援教育調査官

下山　直人　　筑波大学人間系教授・筑波大学附属桐が丘特別支援学校長

吉川　知夫　　独立行政法人国立特別支援教育総合研究所研究企画部総括研究員


### 編集委員会

諏訪　　肇　　全国特別支援学校肢体不自由教育校長会会長
　　　　　　　東京都立志村学園統括校長

田村康二朗　　全国特別支援学校肢体不自由教育校長会特命担当理事（前会長）
　　　　　　　東京都立光明学園統括校長

小池　巳世　　全国特別支援学校肢体不自由教育校長会（編集総括）
　　　　　　　東京都立北特別支援学校統括校長

庄司　伸哉　　全国特別支援学校肢体不自由教育校長会
　　　　　　　東京都立鹿本学園統括校長

緒方　直彦　　全国特別支援学校肢体不自由教育校長会
　　　　　　　東京都立町田の丘学園統括校長

永島　崇子　　全国特別支援学校肢体不自由教育校長会
　　　　　　　東京都立大泉特別支援学校長

# 執筆者一覧

監修にあたって
　　菅野　和彦　　文部科学省初等中等教育局特別支援教育課特別支援教育調査官
巻頭のことば
　　諏訪　　肇　　全国特別支援学校肢体不自由教育校長会会長

## 第1部　理論及び解説編
1　菅野　和彦　　前掲
2　田村康二朗　　新しい時代の特別支援教育の在り方に関する有識者会議委員
　　　　　　　　　東京都立光明学園統括校長

## 第2部　実践編
1　成田　　一　　北海道手稲養護学校教諭
2　木村　　歩　　青森県立青森第一高等養護学校教諭
3　八嶋　貴彦　　宮城県立船岡支援学校教諭
4　小山　信博　　筑波大学附属桐が丘特別支援学校教諭
5　波多野裕子　　東京都立志村学園主任教諭
　　片山　勝義　　東京都立志村学園主幹教諭
　　滝本ひろみ　　東京都立志村学園主任教諭
6　前田　真澄　　東京都立光明学園主任教諭
　　禿　　嘉人　　東京都立光明学園指導教諭
7　横井　路彦　　東京都立府中けやきの森学園主幹教諭
8　高瀬真由美　　東京都立大泉特別支援学校主幹教諭
　　鈴木　英男　　東京都立大泉特別支援学校主幹教諭
9　伊藤　竜矢　　新宿区立新宿養護学校教諭
　　苗代　　築　　新宿区立新宿養護学校教諭
10　鈴木　朋子　　新潟県立はまぐみ特別支援学校教諭
11　小倉　友机　　愛知県立ひいらぎ特別支援学校教諭
12　早川　武志　　滋賀県立草津養護学校教諭
13　髙橋　真吾　　京都府立向日が丘支援学校教諭
14　辻　　紀子　　奈良県立奈良養護学校教諭
15　佐々木高一　　筑波大学附属桐が丘特別支援学校教諭
16　鈴木　章裕　　横浜市立上菅田特別支援学校教諭
17　大窪　康之　　富山県立富山総合支援学校教諭
18　上村　喜明　　北海道特別支援学校肢体不自由・病弱教育副校長・教頭会
　　　　　　　　　（現　北海道網走養護学校校長）
19　佐野　幸子　　青森県立八戸第一養護学校教諭
20　石田羊一郎　　群馬県立あさひ特別支援学校教諭
21　仲里　拓弥　　沖縄県立桜野特別支援学校教諭
22　高澤昇太郎　　東京都立光明学園主幹教諭（前　東京都立鹿本学園主幹教諭）
　　逵　　直美　　東京都立光明学園主任教諭
23　織田　晃嘉　　大阪府立藤井寺支援学校首席

（掲載順）

肢体不自由教育実践　授業力向上シリーズ No.8

# 遠隔教育・オンライン学習の実践と工夫

令和2年12月10日　第1版第1刷発行

監　修　　菅野 和彦・下山 直人・吉川 知夫
　　　　　(かんの かずひこ・しもやま なおと・よしかわ ともお)
編　著　　全国特別支援学校肢体不自由教育校長会
発行人　　加藤 勝博
発行所　　株式会社ジアース教育新社
　　　　　〒101-0054　東京都千代田区神田錦町1-23　宗保第2ビル
　　　　　TEL　03-5282-7183　　FAX　03-5282-7892
　　　　　URL　https://www.kyoikushinsha.co.jp/

表紙・本文デザイン　　株式会社彩流工房
印刷・製本　　　　　　アサガミプレスセンター株式会社

Printed in Japan

ISBN978-4-86371-564-6